基于人力资本差异视角的
农户福利测度与分析

——以辽宁省为例

施雯 著

中国农业出版社

课　题　资　助

国家自然科学基金面上项目"已婚女性就业、家庭梯次迁移与农村转移人口市民化：机理与实证"（71373163）

中国博士后科学基金特别资助项目"城市化进程中家庭梯次流动与社区管理服务研究"（2015T80271）

中国博士后科学基金第 55 批面上资助项目"城镇化背景下已婚女性就业与家庭梯次迁移问题研究"（2014M551126）

辽宁省高等学校优秀人才支持计划项目（第一层次）"农民工家庭梯次流动与社区管理服务创新模式研究"（WR2015010）

国家自然科学基金青年项目"东北四省区节水增粮行动中农户技术采纳行为研究"（71303160）

辽宁经济社会发展立项课题"基于农村女性劳动力人力资本差异视角的辽宁省农户福利问题研究"（2017lslktyb－151）

在我国现代化、工业化和城镇化加速推进的过程中，"三农"问题依然是面临的最迫切、最基本的问题，而"三农"问题中的农民问题是其核心内容。农民的福利状况可以从总体上反映农民的生存状态及生活水平，因此，它是直接衡量中国现代化进程的一个非常重要的指标。由于个人的福利状况会因为个体在家庭中的分工不同而对研究结果产生影响，造成同一个家庭内部成员福利状况相差悬殊，因此，本书将家庭作为研究对象，从农户人力资本差异的角度，在对农户福利进行测度的基础上，进一步分析人力资本的构成要素对于农户福利所产生的影响。

本书以家庭经济学中的家庭功能理论以及阿马蒂亚·森的可行能力为理论基础，选取了北京大学中国社会调查中心开展的中国家庭追踪调查（简称CFPS）之中辽宁农户的相关数据。从农户劳动力的教育水平、健康状况以及就业迁移三个方面，采用聚类分析的方法，将样本农户按照人力资本水平进行分类；从经济福利、非经济福利两个方面，家庭经济、子女抚育、老人赡养、家庭关系、闲暇生活五项内容，利用统计分析方法，分别分析了不同人力资本农户福利状况；根据统计分析结果,利用模糊评价方法对于反映福利状况的五项功能性活动进行了测度,并从农户人力资本差异角度,对于各类人力资本水平下的农户福利状况进行了测度;在此基础上,最终找出影响农户福利状况的主要因素。本书最终研究结论包括:

(1) 农村劳动力整体人力资本水平较低。这表现在,一方面,对于农户人力资本进行分类后,将农户按人力资本水平分为高人力资本农户、中等人力资本农户及低人力资本农户,分析结果发现,低人力资本农户所占比例最高,其次为高人力资本农户、中等人力资本农户;另一方面,按照农户劳动力平均受教育年限来看,高人力资本农户、中等人力资本农户及低人力资本农户劳动力的平均受教育年限分别为 9 年、8 年、6 年。因此,从以上数据可以看出,农村劳动力的整体教育水平还停留在较低层次。

(2) 不同人力资本农户的就业特征存在较大差异。统计结果显示,劳动力的受教育程度与就业迁移情况成为形成人力资本的两个核心要素,而对于不同人力资本农户的聚类分析发现,无论从家庭外出务工人数还是外出务工的时间来看,中等人力资本农户与高人力资本农户、低人力资本农户都有着较大差异。中等人力资本农户中都有外出务工成员与经历,其区别只在于人数多少,而高人力资本农户、低人力资本农户无外出工作人员的比重占绝对优势。另外,从各不同人力资本农户外出工作的平均时间来看,高人力资本农户外出劳动力、低人力资本农户外出劳动力的年平均外出工作时间都较短，而中等人力资本农户外出劳动力在外工作时间最长，年平均达到 9 个月。对此进行的进一步分析发现，高人力资本农户具有较强的本地就业能力，多数劳动力在当地从事较为稳定的职业，而低人力资本农户劳动力因教育水平偏低，其外出就业能力较差，大部分劳动力在当地从事传统农业生产，对于中等人力资本农户来说，其劳动力受教育水平相对较高，具有较强的外出就业能力，因此，相当比例的劳动力通过离家工作的方式实现了劳动力的转移，提高了家庭收入。

（3）人力资本的增加对于农户福利的提升作用明显。本书在研究时，将农户福利分为两大部分：经济福利与非经济福利。经济福利主要从农户收入角度进行测定；非经济福利从四个方面进行了研究，即子女抚育、老人赡养、家庭关系以及闲暇生活。经过模糊评价后发现不同人力资本水平农户的家庭福利存在差异，整体来看，人力资本与农户福利呈现同方向变动关系，农户劳动力的平均人力资本水平越高，其整体家庭福利水平也就越高，人力资本的提升，可以带来农户总体福利的增加。

（4）收入水平偏低是造成农户福利较低的重要原因。对于农户的福利评价从五项内容进行，对比这五项内容的评价结果，发现不同人力资本农户福利的测度结果存在一定差异，且总体来看，目前我国农户福利还停留在较低状态，还未达到一般福利水平。同时，对于五项内容之间的福利水平进行对比发现，家庭收入即经济福利所得评价结果最差，较低经济福利的水平是造成农户总体福利偏低的重要原因。另外，按照不同人力资本水平进行经济福利测度的结果同时显示，不同人力资本农户在家庭经济上的不同福利状态主要由非农收入的差距所引起，提高家庭非农收入是提升家庭经济福利的有效手段。

（5）不同人力资本水平农户其在福利内容上存在一定差异。对于进行农户福利测度的功能性活动进行分析，农户的人力资本越高，其经济福利也就越高，但是，对于非经济福利来说，农户人力资本与各项功能性活动指标并未完全体现出同向的变动关系。在子女抚育、老人赡养、家庭关系三个方面，高人力资本农户的福利状况最好，而中等人力资本农户福利状况要低于低人力资本农户。

（6）人力资本构成要素对于农户福利有着显著影响。本书分析了人力资本的四个不同要素（劳均受教育年限、健康评分、劳动力外出务工人数、劳动力外出务工平均时间）对农户福利产生的影响。回归结果发现，这四个因素均对农户福利产生影响，且劳均受教育年限、健康评分、劳动力外出务工平均时间三个因素与农户福利呈现同向变动关系，而劳动力外出务工人数与农户福利呈现反向变动关系。

施 雯

2016 年 7 月

目　录

前言

第 一 章

导 论

1.1 研究背景

在我国新型工业化、城镇化、信息化、农业现代化加速推进的过程中，"三农"问题是我国面临的最迫切、最基本的问题，而"三农"问题中的农民问题是其核心内容。作为人口总数一半以上的农民是社会主义新农村建设的核心主体，农民整体的强弱决定着社会主义新农村建设的速度和质量。因此，培育具有自我发展主体性能力的新型农民，对于提升农民收入、增强农民非农就业能力、提高当地经济发展水平都起着决定性作用。而培育新型农民的任务说到底就是提升农民素质，提高农民人力资本水平。从我国现实情况来看，新中国成立几十年来，农民整体素质有了一定提高，但我们也应该看到，农村居民与城市居民相比，其教育水平、健康状况还存在着一定差距。2010 年我国第六次人口普查数据显示，我国农村 16～59 岁人口中，文化程度为未上过学、小学、初中、高中、大学专科、大学本科、研究生的比例分别为 3.37％、28.30％、55.25％、10.23％、2.14％、0.70％，这与 2000 年第五次人口普查数据相比，有了较大的提高：五普时，该类农村人口未上学、扫盲班、小学、初中、高中、中专、大学专科、大学本科、研究生的比例分别为 5.37％、1.94％、38.83％、45.01％、6.47％、

1.63%、0.64%、0.10%。尽管如此，但与第六次人口普查城市人口同类数据分别为 0.69%、7.93%、37.83%、27.90%、13.52%、10.90%、1.23%[①]相比，差距还是非常明显。从以上数据可以看出，我国目前农村人口文化水平偏低，绝大部分农村劳动力还是仅仅完成了义务教育。农村劳动力整体素质偏低，仍然是制约我国经济、社会发展的重要影响因素。

家庭作为最基本的社会设置，也是人类最为基本、最为重要的制度及群体形式之一，还是人们最核心的精神家园。从出生开始，每个人就会处处受到家庭的影响，无论是知识文化的获得、生活习惯的养成，还是道德品质与个性的形成，都离不开家庭。另外，家庭也是社会安定的重要力量，家庭为子女的成功社会化提供了必要条件，同时也是夫妻感情培养和精神寄托的所在，是人们实现自我成长、自我发展的场所。农村家庭作为农村生产、生活的最基本单位，承载着经济、社会化、情感、经济和生育等家庭功能。例如，为了种族的繁衍人类生育子女；家庭教育起到了培养个人德识才学的作用；对于老人的赡养既是人类亲情的体现，同样也是法律要求的义务；休闲娱乐已经成为现代人生存、享受生活和发展的重要因素。因此，家庭的健康、可持续发展是社会稳定发展、国家稳定发展的基石，家庭的变化从一个侧面反映了中国现代化的过程。可以说，农民家庭的稳定与否，家庭氛围是否和谐，农民家庭的福利状况与生活质量从总体上反映了农民生存状态及生活水平，因此，农户福利是直接衡量中国现代化进程的一个重要的指标。提高农民福利、农户福利、农村福利也是深化农村改革、实现农村经济良性发展的最终目的。因此，在当前中国社会转

---

① 根据我国第五次、第六次人口普查数据整理。

型的加速时期，关注农村家庭福利水平，有着重要的现实意义。

目前，我国经济快速发展、农村人口素质得以提高，一方面，随着农民人力资本的提升，家庭规模的减小，有可能使家庭成员之间的关系更加紧密、平等，家庭成员对于家庭功能的实现更为重视，例如，父母更加关注子女的教育，子女对于老人的赡养投入更多精力，家庭成员更加注重交流与沟通，重视家庭休闲、娱乐活动的开展，这些都会使家庭福利得到提升。另一方面，农村中越来越多具有较高教育水平、较强专业技能的农民开始从事非农产业或外出务工。在大量年轻、素质较高的劳动力离开农业、农村之后，农业出现了"女性化""老龄化"问题，农村留守妇女、留守儿童和留守老人问题越来越突出。具有较高人力资本水平的农民外出务工，提高了家庭的收入，使家庭经济福利得到了提升。但是，主要劳动力较长时间的外出，也可能使得子女抚育、老人赡养等家庭功能的实现面临困难，另外，家庭成员较长时间的外出所造成的家庭缺位，也会造成家庭关系的冷漠与紧张，使得家庭的非经济福利下降。概括来说，我国农村家庭福利状况如何？不同人力资本农户福利有无差异？农户福利是否随着人力资本的提高而增加？影响农户福利的主要人力资本构成要素有哪些？会对其产生何种影响？基于以上问题，本书选择北京大学中国社会科学调查中心2010年进行的"中国家庭追踪调查"中的辽宁省农村家庭抽样数据，将农户福利作为研究对象，对于农户福利从经济福利、非经济福利两个方面进行考察，探讨不同人力资本水平下，农户福利的差异状况，寻求影响我国农户福利的人力资本构成要素，这对我国新农村建设的完成、构建社会主义和谐社会有着重要的意义。

1.2 研究目的、目标与研究意义

1.2.1 研究目的与目标

1.2.1.1 研究目的

随着我国新农村建设的不断推进以及人口素质的不断提升，农村居民的人力资本得到了一定提高，而对于不同人力资本水平的农户，其家庭福利也存在着一定差异。因此，考察我国目前农户家庭福利的状况以及不同人力资本水平下农户家庭福利的差异就成为本书的主要研究内容。因此，本书依据北京大学中国社会科学调查中心抽样调查的辽宁省农户家庭相关数据，对于农户人力资本状况以及农户福利状况进行了分析。

本书研究目的至少归纳为以下五方面内容：一是根据抽样调查数据，依据人力资本理论从教育水平、健康状况、流动迁移三个方面对于农户人力资本情况进行统计分析，并在此基础上对农户进行分类，为后面对于不同人力资本农户进行进一步福利分析奠定基础；二是在人力资本分类的基础上，根据家庭功能对于各类人力资本农户的福利状况从经济福利、非经济福利两个方面进行统计分析；三是在统计分析的基础上，运用森的可行能力理论，根据农户功能性活动的内容对于不同人力资本下的农户福利状况进行测算、比较与分析；四是在农户福利测定的基础上，从人力资本的构成要素出发，找出影响农户福利取得的人力资本因素；五是基于以上分析结果，提出提升农户人力资本、提高农户福利的政策建议。

1.2.1.2 研究目标

以阿马蒂亚·森的可行能力及家庭功能为理论基础，基于人力资本差异的视角，从经济福利、非经济福利两个方面对于不同人力资本水平农户的福利状况进行测度与对比，考察各类农户福利水平与差异，并从人力资本的构成角度，分析影响农户福利获取的主要因素。

1.2.2 研究意义

对于不同人力资本水平下的农户福利问题进行研究，具有以下的理论和现实意义：

（1）结合福利经济学中的可行性能力理论和人力资本理论，尝试提出进行农户福利测度的家庭功能性活动及相关评价的指标体系，并对福利状况实现量化，为福利的可测性提供一定的科学支撑。

（2）对于目前我国农村家庭福利状况进行客观评价。主要从家庭功能的角度对于农户的经济福利和非经济福利进行统计分析及测度，利用定量分析的结果，正确评价农户的需求，了解影响农户福利的短板所在。在此基础上，考察不同人力资本水平下的农户的福利状况及其差异。

（3）在农户福利测度的基础上，进一步探讨人力资本的构成要素对于农户福利产生的影响。

（4）为新农村建设提供政策建议。福利水平是衡量社会发展状况的重要尺度，因此，农户福利状况也就成为衡量新农村建设工作绩效的重要指标。因此，了解农户福利水平，为新农村建设工作改进提供了目的指向。通过对于农户福利状况的分析，可以帮助政府调整政策方向，改进福利措施，对实现城乡统筹发展，完成全面建设小康社会的目标、构建社会主义和谐社会都具有十分重要的意义。

1.3 分析框架、结构安排与研究方法

1.3.1 分析框架

本书尝试解释的问题是人力资本与农户福利之间的关系。

以家庭为单位来看，每位劳动力在家庭中承担着不同的责任，角色定位不同，目前我国农村劳动力的人力资本状况存在一定差异，很多人力资本高的劳动力存在着外出务工等就业迁移行为，而这种迁移行为使其在家庭中承担的角色形成一定缺失，外出务工在增加了家庭经济福利的同时，也可能影响着农户的家庭非经济福利，因此，本书以农户家庭作为研究对象，基于人力资本差异的视角，对于不同人力资本水平农户的家庭福利进行测度与评价，并分析人力资本对于农户福利的影响。因此，本书在进行研究时，设计的分析框架为：

第一，对于人力资本理论、福利经济学理论、家庭经济相关理论及研究文献进行梳理与总结，在此基础上，对于本书研究的相关概念进行界定；第二，在相关理论基础上，利用聚类方法对于农户人力资本情况进行分类与分析；第三，由于家庭经济福利、家庭非经济福利包含的内容不同，而不同内容之下对于该问题进行分析还存在着不同侧面与指标，因此，在人力资本不同分类下，采用统计分析的方法对于农户福利状况进行考察，以达到对于不同人力资本水平农户家庭福利情况的整体认识；第四，在统计分析基础上，选择反映农户福利状况的相关变量，利用模糊评价方法对于不同人力资本农户的福利状况进行测算比较；第五，根据测算结果，结合构成农户人力资本的相关要素，探讨人力资本构成要素对于农户福利产生的影响；第六，根据研究结果提出相关政策建议。

1.3.2 结构安排

全书共分为七章：

第一章导论。本章首先介绍了本书的相关研究背景；其次对于本书的研究目的与意义进行了总结；再次对于文章的总体研究思路、结构及主要的方法进行了概括；最后分析了文章可能的三个方面的创新。

第二章相关理论基础与研究综述。本章从相关理论基础、国内外研究进展以及相关概念界定等三个方面进行了阐述。主要的理论基础包括人力资本理论、福利经济学理论、家庭经济学理论；研究综述主要从人力资本构成、农户福利研究两个方面对国内外相关的研究成果和方法进行总结与评述；对于本研究涉及的概念进行了界定，主要包括农户、农户人力资本、农户福利。

第三章农户人力资本差异分析。本章根据人力资本理论并结合中国家庭追踪调查数据，对于辽宁省农户各劳动力从教育水平、健康状态、流动迁移三个方面进行考察，按人力资本状况采用聚类分析方法将其分为高人力资本农户、中等人力资本农户、低人力资本农户，并进行分析。

第四章不同人力资本农户家庭福利状况分析。本章将农户福利分为经济福利与非经济福利，考察不同人力资本农户在家庭收入、子女抚育、老人赡养、家庭关系以及闲暇生活几项功能性活动的行为与特征。

第五章农户福利测度。本章主要根据森的可行能力理论，通过对第四章农户家庭功能性活动的分析，构建农户家庭福利的评价指标体系，利用模糊评价方法，对于辽宁省农户总体家庭福利水平进行测算。在此基础上，将人力资本看作实现可行能力的转换因素，进一步测算不同人力资本水平下农户的福利水平状况并进行对比分析。

第六章人力资本对农户福利影响的实证分析。在第五章进行农户福利测算的基础上，从人力资本的构成要素出发，研究不同人力资本构成要素对农户福利的影响。

第七章结论与对策建议。本章对于不同人力资本农户福利的统计分析、模糊评价测算结果以及影响因素进行总结，并根据相关结论，对于我国提高农村人力资本水平、提升农户福利水平提出政策建议。

本书技术路线如图 1-1 所示。

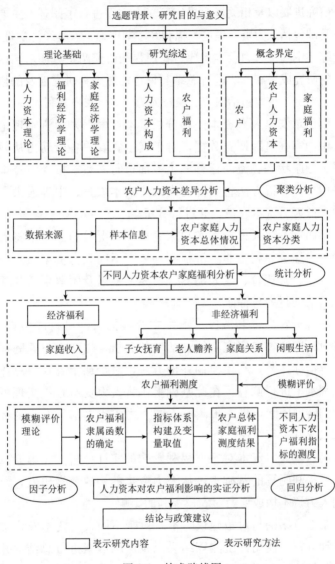

图 1-1　技术路线图

1.3.3　研究方法

本书应用理论研究和实证研究相结合的分析方法，运用定性和定量分析工具，对于不同人力资本水平下的农户家庭福利问题进行了分析及测度，运用的主要研究方法包括：

（1）文献研究法

通过对国内外相关文献资料进行搜集、整理与分析，一方面为本书的研究工作提供了理论依据、梳理了具体的研究思路；另一方面，通过文献的阅读与整理，为本研究提供了方法的借鉴。

（2）聚类分析法

聚类分析法属于多元统计分析中的一种常用方法，本书采用聚类分析法从教育、健康、就业迁移三个方面选择相关指标对于农户人力资本进行分类。通过这一方式，可以解决分类过程中主观性过强、不能对研究内容进行有效客观评价的问题。

（3）描述性统计分析

通过描述性统计，考察了样本的主要特征，并根据家庭功能对反映农户的经济福利、非经济福利的相关农户行为及特点从不同侧面进行了统计分组描述。

（4）对比分析法

本书将农户人力资本进行分类，在此基础上，对于不同人力资本农户的家庭福利状况进行比较研究，并对差异情况进行了相应的分析。

（5）数理分析方法

为了定量测度不同人力资本水平下的农户福利水平，本书还运用了模糊评价方法。通过建立模糊隶属函数，计算农户福利综合模糊隶属度。数理分析方法的运用，将描述福利状况的定性指标和定量指标进行了定量化处理，并根据功能性活动，对于不同人力资本水平的农户福利水平进行了测算，保证了不同人力资本水平农户水平的综合对比与评价。

（6）计量模型分析法

本书运用多元线性回归模型对于人力资本不同构成要素对于农户福利的影响进行了分析。

1.4　可能的创新

（1）研究内容的创新。本书以阿马蒂亚·森的可行能力理论为基础，对于农户福利问题进行了测度与分析。森在进行福利分析时，主要针对个人可行能力包含的内容进行了概括，并未提出体现家庭福利的具体功能性活动。本书在研究时，将森的可行能力理论与家庭功能理论相结合，提出了进行农户福利测度的具体功能性活动，即家庭经济、子女抚育、老人赡养、家庭关系、闲暇生活五项内容，从经济福利、非经济福利两方面较为全面地反映了农村家庭的实际福利状况。

（2）研究角度的创新。阿马蒂亚·森的可行能力理论认为，不同的转换因素下，个体对于固有资源或商品的获取能力也存在差异，因此，本书以家庭人力资本作为转换因素，考察不同人力资本水平下，农户福利的状况及差异。

（3）由于农户不同劳动力在家庭中承担着不同的责任，因此，本书在研究农户人力资本时，未采用较多学者运用的将农户主要劳动力或户主人力资本状况作为家庭人力资本的代表，而是将农户中每一名劳动力的人力资本状况进行了考察，以此作为农户人力资本分类的依据。

第 二 章

相关理论基础与研究综述

2.1 理论基础

2.1.1 人力资本理论

2.1.1.1 人力资本的概念

人力资本概念最初来源于欧文·费雪（Iring Fisher）在1906年发表的《资本的性质和收入》一书，但书中并未对人力资本给出明确的定义。1935年，美国的经济学者沃尔什在《人力资本观》中，对于个人教育成本现值、收益现值进行了比较，对于教育支出同样符合一般投资原则进行了论证，进而提出了"人力资本"的概念，但是，当时未被主流经济学所认可。直到1960年，美国经济学家西奥多·W. 舒尔茨在美国经济年会上作《论人力资本投资》演讲时，才对"人力资本"的概念进行了系统阐述。舒尔茨并未对于人力资本给出一个明确的定义，他只是对于人力资本的内涵进行了阐述，即人力资本是人们通过教育等活动所获取的技能以及相关知识。在这之后，另一位美国经济学者加里·贝克尔于1964年发表了《人力资本：特别是关于教育的理论与经验分析》论著，其中对于人力资本的概念做出了进一步的明确。他认为，人力资本就是通过教育支出、培训支出和医疗保健支出等最终所形成的健康状况的改善、收入的提高以及文学欣赏能力的提高等。随后的学者对人力资本概念进行了进一步丰富。如 M. M. 麦塔（1976）认为，"人力资本可以更宽泛地定义为一个国家内人民的知识、技术及能力的总和，包括首创精神、应变能力、持续工作能力、正确的价值观、兴趣、态度以及其他可以提高产出和促进经济增长的人力质量因素"。唐纳德·J. 约翰斯顿（1998）将人力资本定义为：和经济活动相关联的个人所凝结形成的知识、技能以及其他品质。

通过对以上概念的把握，我们可以看出，所谓人力资本是指经过人力资本投资后，所形成的人的各项能力的总和。这些能力蕴含在人身之中，又可以将其划分为多种的具体形态。一般来说，劳动者的知识、体力（或者健康状况）以及所掌握的技能等内容构成了人力资本。这种对于人力资本的定义包含了以下几方面的内容：一是人的体能或身体素质，具体可以从体力、耐力以及寿命期等内容表现出来；二是人的智能、文化素养、科技素质，具体可以从知识水平、操作技能、对于事物的认知与创新能力等方面体现出来。如果个体在这两方面具有的素质越高，其人力资本水平就会随之提高，进而具备更强的从事经济活动的能力；反之，则相反。

2.1.1.2 农村人力资本定义

我国的一些学者在进行"三农"问题研究时，在人力资本概念的基础上给出了针对农村人力资本的定义。如白菊红、袁飞（2003）认为，农村人力资本可以定义为"通过教育、培训、健康投资和劳动力迁移流动等形式而凝结在农村劳动力身上的资本量"。欧阳涛（2003）认为，农村人力资本是"通过对于农村人力资源的投资，形成在农村劳动者人体中的，通过生产劳动交换其价值的智力、技能和体力的总和"。徐丽杰（2005）提出，农村人力资本"是指通过教育培训、健康投资、迁移投资等形式所形成的、凝结在农村劳动力身上的，以农村劳动力的数量和质量所表示的非物质资本"。王芳芳（2005）提出，农村人力资本"是指农村劳动力身上所凝结的体能、知识、技能和所有能够提高农村劳动生产率的能力，这种被凝结的能力表现为一种人力资本存量形式"。

2.1.1.3　人力资本的投资途径

从一般意义上来说，人力资本投资和物质资本投资相比，并没有本质性的区别，两者都意味着对于目前所能够支配的稀缺资源的其中一部分进行积累，以便在未来形成更高的生产力，提高经济效率。但是，两者也存在着差异，这表现在人力资本的增长主要是从内在对于人的体能、智能和技术进行改进。从舒尔茨等人的理论来看，能够为个人带来人力资本积累，从而使人的经济价值得到提高以及能够使未来收益增加的投资，都可以被称为人力资本投资。其投资途径包括：

（1）教育投资，也称为正规学校教育投资

指以通过一定的成本支出，获得在各类正规学校进行系统地初、中、高等文化知识教育的机会。这项内容是人力资本投资中的最为核心部分。通过教育投资，可以完成知识、观念、信息以及思维方法等内容的传播和学习，丰富人们的知识，提高人的创新能力，提升人的道德素质和健康水平，从而使受教育者的人力资本存量得到提高。

（2）健康投资

指通过医疗、卫生、营养、保健等手段，对于人的体能进行恢复或维持，对于健康水平进行改善或提高，从而提高个体的生产能力。对于人类来说，健康生存不但是其努力追求的基本目标，同样也成为人类追求自身效用最大化、提高福利的前提条件以及具体手段。从微观层面来看，个人对于卫生、保健方面所进行的有效投入，可以使其寿命延长，体能提高，最终提升健康资本，提高工作效率；从宏观层面来说，国家或地区对于本地医疗、卫生事业增加投入，可以有效地开展卫生保健工作，最终提高本地甚至全国、整个民族的健康水平，增加人力资本的生产潜力。另外，由于个体的健康状况直接决定了个体的体能、寿命和活力，而这些内容又是个体智力或精神活动的基础及载体。因此，健康投资成为其余各项人力资本投资的前提与基础。

（3）职业培训，又叫做非正规教育投资

这种非正规教育投资是相对于正规学校教育而言的。职业培训是指在正式的学校之外，由政府部门、企业单位或者其他培训机构为个体生产技术的提高、掌握和进一步学习新技能、新方法而进行或提供的教育及培训。职业培训与正规学校教育相比，其与生产实践更为接近，对于实际生产技术、具体操作技能的培养和提高更为重视。按照培训的具体内容，职业培训还可以分为两大类：一般培训以及特殊培训。所谓的一般培训是指受培训个体可以从培训中获得通用性的技术知识、生产技能。而特殊培训是指为受培训者提供具有很强专用性的知识与技术，一般来说，这种知识与技术仅仅适用于本企业或某一岗位。

（4）迁移投资

迁移投资就是通过支出一定的成本费用，实现人口或劳动力在地域之间、产业之间的迁移和流动，为劳动者提供变更就业机会，通过这一方式更好地满足个体自身偏好，最终获取更高的收入。一般来说，人口和劳动力进行流动迁移的主要原因为经济影响，也就是说人们出于经济动机才会变更居住地，以便寻求更好的就业机会，追求更高的收入或福利。因此，地区间、行业间经济利益差异成为劳动力流动迁移的主要原因。此外，迁移的原因还包括生活质量能够得到提高、就业条件能够得到改善等。

2.1.2 福利经济学理论

福利经济学是西方经济学发展过程中形成的一门经济学分

支学科。这门学科的出现，主要是由于西方资本主义国家，尤其是英国出现了严重的社会经济矛盾、阶级矛盾。从 19 世纪 70 年代起到第一次世界大战前，各主要资本主义国家的经济发展并不平衡。资本主义经济发展由自由竞争阶段进入垄断阶段以后，财富问题、收入的分配不公问题越来越严重。面临劳资矛盾和社会冲突不断加剧的社会背景，一些经济学家提出要通过社会经济福利的研究来改善社会状况，缓和国内的阶级矛盾。福利经济学正是在这种背景下应运而生。

1920 年，英国经济学者庇古出版了《福利经济学》一书，标志着福利经济学的问世，由此，庇古也被称为福利经济学之父。从福利经济学的诞生到现在，其理论的发展经历了若干历史时期：20 世纪 20 年代左右被称为旧福利经济学时代；20 世纪三四十年代，新福利经济学在经济学界占据主导地位；20 世纪五六十年代福利经济学处于徘徊困惑时期；到了 20 世纪 70 年代，福利经济学理论重新迈入发展相对较快的阶段，并且在经济学界产生了重要影响。

2.1.2.1　福利的概念

对于福利（Welfare）的描述最早可以追溯到西方古希腊、古罗马时代，那段时期，福利主要是指"美好的生活"。柏拉图在《理想国》中将福利看做一种总体性的概念，认为在理想国度中，每个人都应当过着衣食无忧的生活，进而使全国获得整体性的幸福。

"福利经济学之父"庇古（A. C. Pigou）认为，可以用"效用"来表示个人的福利，他认为应将效用作为测量福利、对于福利进行评价的指标，在个人效用测定的基础上，加总之后就得到了整个社会的福利。庇古在他的论著中，提出了两种不同的福利——经济福利与非经济福利，它们"之间虽不存在什么明确的界限，但对货币尺度的可使用性的测试，却使我们对此能有一个粗略的区别。正如通过这一测试所大致确定的，经济福利是经济科学的主要内容"①。

现代学术界在进行福利研究时，韦伯斯特认为可以将福利看做"健康、幸福和舒适的良好状态"。Ew-kwang（1983）指出，可以将个人福利（Individual Welfare）看作个人的快乐，这种快乐既包括了感官的享受，也包括精神方面的愉悦。另外，黄有光（2005）认为，福利就是快乐，而这种快乐存在的主观效用可以用基数进行测量，进一步可以进行人际间比较。另一位经济学者阿马蒂亚·森（Amartya Sen）提出可行能力（Capability）理论，通过这一理论对于福利的内涵进行了重新解释，他认为对于人们福利水平的评价不应根据其拥有的资源或商品多少进行判断，而需要通过评价其功能性活动的情况和由此产生的自由程度进行衡量。

可以看出，社会的发展的不同阶段，对于"福利"概念有着不同的理解。最初，人们将"福利"等同于物质上的富裕程度，因此，无论对于个人、家庭、社会来说，收入水平的提高、财富的聚集、经济的高速增长是其追求的最高目标。随着社会的进步与发展，单纯追求经济效果以衡量"福利"的局限性日益明显，因此，在20世纪60年代中期至70年代早期，对福利的理解已从单纯的物质财富的增加演变为多维度生活质量的测定，并逐渐被普遍认同并频繁使用。对于这一观念来说，福利不仅包含了经济含义，还包含了诸如健康、社会关系、自然环境的质量等等对于人们生活条件产生影响的非经济要素。除此之外，福利不仅涵盖了客观的生活条件，而且还将主观福利纳入进去。也就是说，对于西方学界来说，福利不仅仅包括维持生存的基本保障，还包含了使其国民能够获得幸福感的高层次

---

① A.C. 庇古 . 2006. 福利经济学（上卷）. 北京：商务印书馆 .

供给，更是需要主体对其所进行的主观体验和认知来判定是否达到了"幸福"及"满足"。例如，2000—2001年度世界发展报告（World Development Report 2000/2001）指出：对于福利的理解不应该仅限于可以用货币度量的物质，还需要包含教育、健康、自由等等更加宽泛的内容。

2.1.2.2　福利的度量

在微观经济学中，经常假定福利最大化是经济体所要实现的行为目标。福利通常被认为是个人或集体偏好的反映，是进行消费或者生产一定的商品及服务所得到的效用，或者说是个体所获得的满足程度。判断社会福利的高低是福利经济的核心内容，而社会福利的高低首先取决于个人福利的高低，因此，福利的度量主要是指个人福利的度量。一般来说，个人福利可以利用个人的效用、个人的偏好进行反映。

在进行福利度量时，不同学者提出过不同的观点与方法。"福利经济学之父"庇古利用边际效用分析进行经济福利的计算，他认为：效用意味着满足，个人的经济福利由效用组成，而这种满足或者说效用是可以用单位商品价格进行计量。最后所增加的单位商品所取得的效用，就叫做边际效用。假定货币边际效用不变的同时，庇古还做出了"不同的阶级所支出的货币量与所得到的满足量相同"这一假定。正由于这一假定，从而"满足"的数量也就和货币数量成比例。在解决了个人经济福利的度量后，庇古进一步利用国民收入表示国家及全社会的经济福利。为了达到福利最大化的目的，从根本上解决社会贫困问题，庇古提出两个基本命题：一是社会经济福利随着国民收入总量的增加而增长；二是国民收入分配均等化程度越高，社会经济福利也会随之提高。从现在的角度看，第一个命题是效率问题，第二个命题是公平问题。这种度量福利的方法被称为基数效用论。

20 世纪 30 年代兴起的新福利经济学对旧福利经济学进行了修正和发展，其中一个主要表现就是用序数效用论代替基数效用论。1932 年罗宾斯出版了《论经济科学的性质和意义》，书中对于庇古的福利经济学理论进行了批判。罗宾斯认为，效用作为人的主观感受，不能够用基数进行度量；两个人的效用不能进行直接比较；对于所有人都适用的基数效用的度量单位并不存在。进行自己观点的论述时，罗宾斯借用了一个重要的分析工具，即帕累托（Pareto）提出的"最优状态"概念。新福利经济学另一名学者希克斯对于"帕累托最优状态"进行了重新表述，成为西方经济学界所广泛接受的一个价值标准——帕累托标准。帕累托标准指出，如果从一种社会状态到另一种社会状态所产生的变化，可以使至少一个人的福利增加，同时又没有减少任何一个人的福利，那么，这种变化就是人们所希望的，就是好的。新福利经济学以序数效用和无差异曲线分析为基础，认为效用或满足不能进行相加，只有水平的高低，个体进行消费所得到的效用只能用序数表示出来。因此，序数效用概念，一方面认为效用是主观的，是基于愿望的满足；另一方面同时认为效用不可观察，是不可以进行人际间比较的。

从 20 世纪 70 年代兴起的现代福利经济学观点认为，福利的内涵既包括经济福利，又包括非经济福利，认为主观福利同样重要。其中，现代福利经济学的代表人物，1998 年诺贝尔经济学奖获得者阿马蒂亚·森（Amartya Sen）提出了"可行能力"的概念，提出用可行能力方法来分析福利问题。他认为可行能力内容包括各种工具性自由：政治自由、经济条件、社会机会、透明性保证和防护性保障。森认为商品本身并不能创造福利，福利构建在个人能力基础之上，考察单个人福利，可以从单个人的功能性活动入手，进行个人福利的测度。因此，他认为福利能否取得受许多因素影响，包括食物、健康、是否拥有房屋等，森的福利研究方法被称为"可行能力方法"。

2.1.2.3　可行能力理论

　　森的可行能力理论在福利经济学研究过程中产生了很大影响。阿马蒂亚·森认为，对一个人的福利进行评价，其信息基础在于个人实际能够做某事，实现某种功能性活动组合的可行能力，也就是一个人能过某种生活的自由程度和他实际有的机会。可行能力是森整个理论体系中最基础最核心的概念，是他用来评价个体福利、贫困、不平等、社会安排等的宽广标准。在其《论经济不平等/不平等之再考察》[①]中，森将人的生活看作由一系列有价值的功能构成，这些功能既包括营养良好、身体健康、免除疾病等基本内容，也包括获得自尊，能够参加社会活动和社交生活等复杂的内容。帮助人们实现这些功能的能力被称为可行能力，也就是一个人能够做什么和能够怎样生活的能力。概括来说，可行能力指的是一个人建立目标、承担义务、实现价值的能力，是一种实质自由。为了更好地解释能力的概念，森引入了一个"功能性活动"（Functionings）的概念，用它定义了福利的内涵。概括地说，"一个人的生活能被视为个人做的一系列事情，或者他实现的状态，并且这些构成了'功能性活动'集合——个人做什么和实现的状态"[②]。

　　森提出的可行能力、功能性活动、自由这几个概念之间的关系，可以概括为：可行能力是各种可能实现的功能性活动的组合。功能性活动表明人们实际过上了何种生活，可行能力反映人们实际有过何种生活的能力和机会，其关系类似于"有效可能"与"实现"的区别，也就是"自由"与"成就"的区别。

---

　　① 阿马蒂亚·森. 2005. 论经济不平等/不平等之再考察. 北京：社科文献出版社.

　　② 汤剑波. 2004. 重建经济学的伦理之维. 上海：复旦大学.

而从本质上来说，可行能力与自由是等价的，可行能力指一个人能选择的备选的功能性活动组合，也就是人在决定过何种生活上的选择范围，因而是一种自由的表述。它着重强调的是人们主导自己生活的能力，不是为环境所迫去过的生活，而是有完全的自由去选择自己的生活方式。并且，它关注自由本身而非实现自由的手段，包括了我们所能有的各种实际选择，因而是实质自由的表述。

　　在森的可行能力理论中，还有一个很重要的概念，即转换因素。森认为，主流经济学家把注意力集中于商品的拥有或商品本身的特性上，却不能告诉我们"什么人能够处置商品"。商品固然对于人类的生活非常重要，然而从最终的意义上说，商品的意义在于能够提供给我们有理由珍视的生活，功能性活动所定义的正是这种生活的状态。他认为，商品与我们运用商品而达到的生活状况之间的差异，即能将商品转化为福利的转换因素，主要包括五项内容：①个人的异质性。即个体在性别、年龄、健康状况等方面所具有的完全不同的体质特征。②自然环境的多样性。环境条件的差异，包括气候条件、污染等可能影响个体所能获得的享受。③社会环境差异。个体所能达到的生活状况会随着社会环境的改变而发生变化，例如公共卫生保健、公共教育安排等都是影响因素。④人际关系的差异。既定的行为方式所需的物质条件随社群而异，取决于传统或风俗。⑤家庭内部的分配。家庭是考察收入和商品使用的基本单位。家庭中某个成员的福利或自由取决于家庭如何使用收入和商品来满足不同家庭成员的利益和目标。在这种情况下，家庭内部实行的分配规则，比如根据性别、年龄或认同的需要等因素可以对某个单个成员的成就产生重要影响[①]。

---

① 阿马蒂亚·森. 2002. 以自由看待发展. 北京：中国人民大学出版社.

概括来说，森的可行能力理论认为，能力是不能直接观察的，可获得的功能性活动与人的个体特征和社会环境条件等因素紧密相关，对于相同的资源或商品来说，其可以被不同的人在不同的社会环境条件下进行转换，从而形成不同的功能性活动。个人的福利水平不应根据其所拥有的资源或商品进行评价，商品能够给人们带来什么，或人们能够从商品获得什么，即功能性活动，才能对福利水平产生影响。因此，对于福利评价说到底就是对于功能性活动的测量。

2.1.3　家庭经济学理论

家庭是社会的细胞，是社会生活的基本单位，它可以满足人的多方面需要。它是所有的制度中最基本的和最古老的，而且至今仍然是一切社会中最基本的社会单位。家庭是人一生中所处时间最长的初级社会群体，人们在少儿期对父母、老年人对成年子女的依赖状态中度过大半辈子，因此，不论国家的经济制度、经济发发展水平如何，家庭问题都处于重要地位。经济发展改变着家庭结构和家庭决策的性质，同时家庭的稳定与和谐对经济社会的顺利运行也有着重大影响。

经济学同家庭经济有着历史的渊源关系。亚里士多德把"研究家庭经济、家务管理的科学"作为经济学定义。这个定义曾被西方社会所使用及认可了一千多年，之后伴随社会经济的发展，人们所关注的对象不再是家庭，而是转向对于整个国家、整体社会经济进行研究，那时起，经济学才从一家一户的经济研究转为对于整个社会、国家经济的研究。但是，作为经济学的一个分支学科，家庭经济学仍继续存在，并有了一定的发展。

对于家庭经济进行研究，首先需要明确家庭经济的概念及内容。首先，家庭经济可以分为两部分内容，即家庭经济活动和由此体现的家庭经济关系。前者是指对于家庭的生产经营活动、生活消费活动进行的合理组织与安排，与社会经济生活存在着密切联系；而后者是指家庭各成员在共同的经济活动、经济生活中所结成的关系，既包括了家庭中的物质资料所有制关系，也包括家庭成员如何分工、家中消费品如何分配等。

家庭经济学作为一个独立的分支学科是随着 1973 年和 1974 年《政治经济学杂志》两个特刊的出版而出现的。经济学家、1992 年诺贝尔经济学奖获得者加里·斯坦利·贝克尔（Gary Stanley Becker）认为家庭经济学就是将家庭作为微观经济单位阐释家庭经济行为，"力图用研究人类物质行为的工具和理论框架去分析婚姻、剩余、离婚、家庭内分工、威望和其他非物质行为"[①]。贝克尔认为，家庭活动不仅表现为单纯的消费活动，它还是一种生产活动，它生产某种"满足"，而任何最终物品或劳务的生产和消费都可以看成是为获取一种产出而需要耗费的各种投入的组合。家庭在生产生活中，为了实现最大满足的获得，既需要大量使用进行消费的、从市场上购买的各类商品，也需要使用完成家庭生产所必需的生产资料性的商品，还需要同时使用时间资源。从家庭成员的角度来看，任何一种家庭活动都可以看作在家庭货币收支和家庭时间收支同时限定之下所开展的经济行动。这其中，货币收入与时间收入累加，就形成了家庭成员为获取效用的满足而拥有的收入总额。在此基础上，怎样对于家庭各种活动所需的资源进行合理配置，最终达到利用最小的投入而取得最大效用的目的，就成为现代经济学所面临的一个重要课题[②]。

因此，概括来看，家庭经济学就是研究一定社会生产方式中，家庭及其成员配置家庭经济资源，从事生产、分配、交换

---

① 加里·斯坦利·贝克尔. 2005. 家庭论. 北京：商务印书馆.
② 高巧. 2004. 解读新家庭经济学. 商业时代, (11)：6-7.

和消费活动，以满足家庭成员物质和文化生活需要的科学。这个定义包括了三项主要内容：首先，家庭经济学的研究对象是家庭经济关系以及运动规律，这种经济关系包含了家庭成员在进行生产、分配、交换和消费等各项活动过程中所结成的关系。其次，家庭经济的社会约束条件是社会生产方式，家庭经济的运行受到社会生产力制约，家庭经济关系同时也体现了社会生产关系；家庭形式、家庭经济资源成为制约家庭经济活动的自身条件。最后，家庭成员具有物质文化需要，这种满足和需要之间的内在联系，贯穿了家庭经济活动的始终，成为家庭经济学的主线。

2.1.3.1　家庭的定义

家庭并不是凭空出现的，人类社会发展到一定历史阶段，家庭才随之产生，并且伴随着社会的不断进步，一步步由较低的阶段发展到较高的阶段，由较低的形式演进到较高的形式。在西方文化中，古代希腊和罗马就没有与现代的"家庭"一词相应的术语，在古代希腊，最贴近的词是 genea，其词根意"世代"，指后裔、世系等。在古代罗马，familia 一词是指家长权威下的任何东西和任何人，该词的用法在当时通常与遗产同义，但在指人的时候，它特指从属于男性家长权威的那些人，这一家长通常就是父亲。

目前来看，对于什么是家庭，社会学界有不同的表述方法。例如，美国社会学家伊恩·罗宾逊认为，家庭是一个由与血统、婚姻或收养有着密切关系的个体所组成的相对稳定的单位，这些个体一起生活，并形成了一个经济单位，他们中的成年人要对孩子负起责任[①]。家庭人类学家默多克（George P Murdock）认为，家庭是一种社会组织，其特征有共同居住、经济互助和

---

① 伊恩·罗宾逊. 1994. 社会学. 北京：商务印书馆.

生育。它包括成年的两性，至少其中的两人维持一种社会承认的成年人的共居和性关系，并有自己生育的或收养的一个或更多的孩子。Piotrkowski（1978）给出的"家庭"的典型定义是：家庭是两个或更多的个体为了实现共同的目标而扮演相互依赖的角色。家庭是指通过血缘关系、婚姻、社会风俗或收养关系而联系在一起的人群。

本书认为，家庭是在婚姻关系的基础上将血缘关系（包括收养关系）作为纽带而形成的共同生活的社会基本单位。家庭是人类进行自身再生产的单位，也是社会生活的基本单位，是一个社会最基本的细胞。婚姻关系是一个家庭形成的最基本的纽带，而血缘关系则是维持家庭存在的最稳定的纽带。

2.1.3.2　家庭的类型

家庭结构就是组成家庭的各个要素之间稳定的相互关系，也就是家庭成员的组成方式。家庭作为历史的范畴，同社会的变迁和发展息息相关。在人类社会由农业文明向工业文明转化的过程中，家庭结构也随着生产力的发展发生改变。从家庭结构的角度，我们可以将家庭划分为几种不同类型。

第一类：核心家庭。是指由一对夫妇及未婚子女组成的家庭。对于这类家庭来说，只有一对配偶，一代或两代人，只有夫妻关系和父母与子女的关系，即由一对夫妇、父子（女）、母子（女）的基本三角关系所支撑的家庭。核心家庭是一切家庭中最稳定的一种形式，是现代家庭结构最主要的形式。对于核心家庭进一步细分，还可以分为配偶家庭（只有一对夫妇而没有子女的家庭）；单亲家庭（指由于死亡、离婚或其他原因而只剩下夫妇中的其中一方，其与未成年子女组成的家庭）。

第二类：主干家庭。也被称作扩大的核心家庭，它是核心家庭异代且纵向扩大的结果，主要是指由父母与一个已婚子女及其未婚兄弟、姐妹所组成的家庭。这类家庭中有两对夫妻，这两对夫妻是两代人，家庭成员是两代人或三代人。这种家庭比核心家庭要复杂得多，除了基本三角关系以外，还有婆媳、祖孙、叔婶或者姑嫂等关系。主干家庭还有另外两种形式，一种是父母（或其中一方）与一对已婚子女（或者再加上其他亲属）共同居住所组成的家庭；另一种是一对夫妇与男方或女方父母及未婚子女组成的家庭。

第三类：联合家庭。它是核心家庭同代、横向扩大的结果，是由至少两对或两对以上的同代夫妇及其子女组成的家庭。联合家庭主要包括两种形式：一种是异代联合家庭，主要是由两对或者两对以上的异代夫妇及其未婚子女与父母所组成的家庭；另一种是同代联合家庭，主要是由两对或者两对以上同代夫妇及其未婚子女所组成的家庭。对于联合家庭来说，其主要是由于经济上的原因而形成的，仅仅以感情为基础形成的联合家庭是很少的。

2.1.3.3　家庭功能的定义及内容

所谓"功能"是指系统与环境相互作用的过程中所表现出来的适应环境、改变环境的功用和效能。家庭作为社会系统中的一个子系统，在与社会环境进行物质与能量的交换过程中，具有不断满足其家庭成员的各种需求以及适应与改变社会环境的功用和效能。对于家庭功能这一概念各位学者有着不同的理解，概括来看，主要包括两个方面：其一主要通过对家庭具体特征的描述，给出家庭功能的定义[①]。其观点包括：家庭功能是家庭系统中家庭成员的情感联系、家庭规则、家庭沟通以及应对外部事件的有效性；另一种是从家庭完成的任务来定义家庭功能。如认为家庭的基本功能是为家庭成员生理、心理、社会

---

① Olson D H. 2000. Circumplex Model of Marital and Family Systems. Journal of Family Therapy.

性等方面的健康发展提供一定的环境条件①。根据现代的理论来讲，家庭功能就是指家庭在社会生活中所起到的作用，或产生作用于人类社会的能力和效果。社会需求的变化和家庭结构自身的变迁也在不断促使家庭功能发生改变。在家庭发展的不同阶段，家庭功能也有不同的内容。家庭的功能经常受到家庭的性质和结构的约束，而且具体功能也会随着社会的变迁而发生变化。不同的社会，也产生了不同的家庭功能。美国社会学者威廉·奥格本（William Ogbur）把近代以前的家庭功能归为经济、教育、保护、宗教、地位安排、娱乐、生育后代和家人之间的亲情。国内学者邓志伟把家庭的功能归为：生物功能、心理功能、经济功能、政治功能、教育功能、娱乐功能、文化功能。

总结来看，家庭的功能主要包括：

（1）经济功能

对于家庭来说，其有时也被定义为"一群人为追求经济目的的合作所形成的经济单位"。贝克尔认为，家庭之所以会亘古长存，主要原因就在于家庭生产以明确、细致的分工协作为基础。家庭成员之间的内部分工部分主要以生理上的差异为标准，但主要取决于个人的经验以及人力资本投资上的差异。这种差异的存在成为了家庭产生的物质基础。家庭"像企业一样，夫妻双方通过订阅一份把他们长期结合在一起的契约，避免了支付交易费用，降低了生产成本。同时，家庭成员之间彼此了解、相互依赖，这就大大减少了监督和管理费用。因此，家庭就是一个有效率的经济单位"②。

家庭的经济功能包含了生产功能以及消费功能。生产功能

---

① Skinner H, Steinhauer P. 2000. Family Assessment Measure and Process Model of Family Functioning. Journal of Family Therapy，(2).

② 费孝通. 1999. 生育制度//费孝通文集. 北京：群言出版社.

在历史上曾是家庭的一个最主要的功能。目前在以农业生产为主的农村家庭中，这一功能仍然存在并起到了重要作用，即农业生产迄今为止，基本上还是以家庭为单位进行的。包括现代国家的农业虽有一定数量的企业式的农场和其他农业经营实体，但占主导地位的还是家庭农场或家庭式的农业经营单位。中国的农村家庭，作为生活资料生产的功能表现得更为突出。进入工业化社会以后，大多数生产性工业在家庭之外进行，这一功能的作用慢慢降低，在城市家庭逐渐消失。消费的功能则随之成为重要的功能，家庭成为了社会的基本消费单位。

（2）社会化功能

家庭是承担社会化的主要场所，可以说，社会化起始于家庭，一个人从出生到走入社会、适应社会，在社会中生存和发展，要学习譬如日常生活的知识与技能、人生观及价值观、职业行为、职业技能等等各方面的知识，家庭在这一过程中起到了非常重要的作用。特别是对个人的人格成长，家庭的影响是最大的。个人的语言、文化模式、价值观念等初步的习得来自于家庭，家庭里的父母、兄弟、姐妹以及其他的成员，常常成为儿童有意、无意模仿和学习的对象。

（3）生育功能

在社会中，只有新的社会成员不断诞生，人类社会才能做到不断延续。家庭是目前社会所认可的生育子女、繁衍后代的合法社会基本制度，是人口再生产的唯一的社会单位。生育包括"生殖"和"抚育"两个方面。"生殖"是指新的人口的生产，"抚育"是指对新生一代的抚养、教育和培养。

（4）赡养功能

赡养老人是家庭的一项重要功能。子女对父母经济上的供给、生活上的照顾、精神上的慰藉，是赡养的主要内容。"幼有所养，老有所终"是中国的传统美德和追求目标。这一功能的实现，维护了社会的安定，使老人享受天伦之乐。特别是我国的农村，到目前为止，养老的方式主要还是家庭养老，赡养老人作为家庭的一项功能，在我国，特别是广大农村地区仍然占据重要地位。

（5）休息、娱乐、感情交流功能

随着经济的发展和社会的进步，很多文化娱乐设施已经逐步社会化，但这种趋势不能完全取代家庭作为个人休闲、娱乐场所的功能。同时，家庭内的成员关系是最亲密的人际关系，家庭也是成员之间进行思想交换、感情交流的重要场所。这种感情是建立在家庭成员之间特殊的亲缘关系基础之上的。特别是在现代社会，由于工作的繁忙和生活节奏的加快，人们的感情需要和工作学习之余的休息娱乐需要更显迫切，而建立在亲缘关系上的家庭，其成员长期共同生活，平时的互相关爱、帮助，是家庭成员精神的重要支柱。

（6）性生活功能

人类的两性关系和性生活与动物不同，它不是靠生物本能来规范和调节的，而是通过稳定的社会形式来规范和调节的。家庭就是规范与调节人类两性关系、满足两性结合的最基本、最持久的社会形式，为人们提供了一个法律和社会风俗所认可的性生活场所。

2.2 研究综述

2.2.1 农户人力资本研究综述

2.2.1.1 农户人力资本的构成要素

由于对于人力资本进行衡量存在一定的复杂性，因此，形成了对于人力资本测度的难题，目前来看还未存在一个能被公众认可的、权威的测度办法，各位学者在进行相关问题的研究时，都是根据自己的理解，并考虑数据的可得性，对于人力资本的构成指标进行了选择。尽管每位学者所选取的指标不尽相同，但对于人力资本存量构成的理解基本统一，主要从教育、健康、培训及迁移四个方面对于人力资本情况进行了考察。由于所测定的主体不同，对于个人、家庭以及社会所选取的人力资本测度指标也存在差异。根据本书研究目的，主要对于不同学者进行农户家庭人力资本的测度情况进行总结。

（1）教育水平

在反映农户家庭受教育水平时，学者主要利用家庭教育文化娱乐支出、农户劳动力受教育情况代表农户整体教育水平。例如，胡阿丽、王征兵（2012），赵海（2009）分别选择农户文教娱乐支出、农村居民人均文教娱乐支出考察农户教育水平。陈震林、刘纯阳（2005）则选择了农户人均文化教育、娱乐用品及服务支出指标。李宏（2006）、杨晓军（2013）选择文教娱乐用品及服务支出代表农户教育投资状况。同样，张文俊、窦学诚（2010），孙毅、周江涛（2010），李淑华、柴娟娟（2013），申秀清、张磊（2014）选择农村居民家庭文教娱乐消费支出、人均教育投资占生活支出的比重反映农户教育状况。张衔、黄金辉、邓翔（2005）利用农户的学杂费支出代表农户教育水平。而尹飞霄（2013）利用户主接受正规教育年限，文雯、周宝同（2012）利用户主受教育的水平，聂文婷（2008），任国强、薛守刚（2008），刘纯阳（2005）根据农户中劳动力的基本特征计算农户劳均受教育水平来反映农户教育状况。程名望等（2014）选择农户劳均受教育年限、劳动力职业教育比例两个指标，陈浩、毕永魁（2013）选择农户家庭成员的平均受教育年限、农户家庭成员的受教育差异度表示教育人力资本水平。高梦滔、姚洋（2006）利用户主受教育情况、劳动力中初中以上文化程度比例两个指标代表农户教育状况。

（2）健康状况

对于农户健康水平的反映，大部分学者选择农户医疗保健支出指标进行测度。例如，胡阿丽、王征兵（2012），张衔、黄金辉、邓翔（2005），申秀清、张磊（2014），李宏（2006），张文俊、窦学诚（2010），孙毅、周江涛（2010），李淑华、柴娟娟（2013），杨晓军（2013）在进行研究时，均采用农村居民家庭生活消费支出中的农户家庭医疗保健支出反映农户健康投资水平。而赵海（2009），陈震林、刘纯阳（2005）利用农村居民人均医疗保健支出这一指标进行测度。除这一指标外，还有部分学者选择其他相关指标进行考察，例如，聂文婷（2008）利用农户参加合作医疗保险劳动力的比例，刘纯阳（2005）利用家庭是否存在不健康人口指标反映农户健康状况。程名望等（2014）利用农户中的劳均健康评价，尹飞霄（2013）以户主健康自评分或 BMI 指标，陈浩、毕永魁（2013）以农户成员自我健康评价得分、农户成员的健康评价差异度代表农户健康人力资本。

（3）培训状况

文雯、周宝同（2012），刘纯阳（2005）分别用农户中是否有劳动力接受技术培训、培训投资、家庭中参与职业技术培训的劳动力数量反映家庭劳动力培训水平；尹飞霄（2013）采用户主或家庭成员是否接受成人教育或短期培训这一变量，聂文婷（2008）利用农户中参加培训的人数占农户劳动力的比例代表农户接受培训的水平；任国强、薛守刚（2008）利用农户是否有人参加培训、参加培训的劳动力占农户劳动力的比重来反映培训情况。而陈浩、毕永魁（2013）以农户成员所从事现有非农职业的平均工龄、农户家庭的非农职业工龄差异度衡量技能人力资本；高梦滔、姚洋（2006）利用劳动力中有专业资格者比例、劳动力中受过技术培训者比例两个指标反映农户劳动力培训水平。

（4）迁移状况

对于迁移状况的测定，大多数学者较为一致，基本采用家庭交通通信费用进行考察。例如，胡阿丽、王征兵（2012），申秀清、张磊（2014），李淑华、柴娟娟（2013），杨晓军（2013）均采用农户家庭的"交通通信支出"变量反映农户迁移投资。而赵海（2009）、陈震林、刘纯阳（2005）则利用农户家庭人均交通和通信支出这一指标进行测度。聂文婷（2008）利用农户中外出就业人数占农户劳动力的比例，刘纯阳（2005）利用农户是否存在劳动力外出打工状况代表迁移投资所形成的人力资本。陈浩、毕永魁（2013）以农户成员平均所从事现有非农职业的地点、农户家庭所从事现有非农职业的差异度表示迁移人力资本。尹飞霄（2013）以户主从事农业活动不足 6 个月且从事非农生产或家庭有其他成员从事非农生产活动变量作为农户迁移水平的测度指标。

2.2.1.2 农村人力资本差异

各位学者对于人力资本差异进行研究时，主要从区域、城乡等角度对于我国人力资本差异进行了分析，例如，林玲（2008）在研究城乡收入差距问题时，从人力资本质量、积累能力及结构三方面论述了浙江城乡人力资本的差异，对于城乡人力资本差异进行了比较，并以城乡人均受教育年限比、人均教育支出差距、人均医疗支出差距作为人力资本的相关指标，建立了城乡收入差距模型，分析了人力资本对收入差距的影响。曾磊（2012）从人力资本的形成途径以及投资主体方面阐述了城乡人力资本产生差距的根本原因；陈浩（2007）在研究农村劳动力非农就业问题时，对我国各省份不同年份的农村人力资本存量水平和变化特征进行了测定和比较分析。贺文华（2012）在进行农村居民工资收入与农村人力资本投资的区域差异研究时，主要应用中国东部、中部、西部农村人力资本投资数据对于不同区域人力资本差距进行了分析。王晓婷（2009）从农民个人人力资本投资的角度，采用基尼系数及其分解方法研究了中国农村人力资本投资的差距和结构，得出人力资本投资由高到低依次为东部地区、东北地区、中部地区和西部地区的结论。孙一平（2015）以农村居民受教育程度为衡量标准，研究了农村初、中、高等人力资本对全国和东、中、西部地区农业经济增长的影响。张藕香（2006）从人力资本投资的角度，对我国人力资本存量的城乡差距、东中西差距、农村内部不同地区之间的差距进行了分析，而这些差异的形成主要是由于城市倾向的国家财政教育投资政策和地区经济非均衡发展战略而引起。刘倩（2012）应用教育年限法对于我国历年各省农村人力资本存量进行了测算，对于区域农村劳动力存量的变化进行了分析，认为农村人力资本相对存量分布呈现较强的东西部空间梯度。

从各位学者的研究内容来看，大部分学者主要应用宏观数据，利用政府财政用于农村地区的教育支出或利用农民受教育程度等指标来反映农村整体人力资本差距状况。可能受微观数据资料可得性的影响，从家庭角度，对于农户人力资本的差异研究较少。

2.2.2　农户福利研究综述

2.2.2.1　农户福利的影响因素

从国内研究文献来看，部分学者在进行福利测量时，还是以经济福利作为标准，例如苗珊珊（2014）基于 1978—2011 年中国粮食生产与消费的相关数据，在研究粮食价格变动对农户福利的影响时，将农户福利分为生产福利效应和消费福利效应两项内容，选择经济福利衡量农户福利效应，利用补偿变量的方法，对粮食价格波动中农户福利的变动进行了测算与分解。王成丽（2009）主要利用消费者剩余、生产者剩余和社会剩余进行农业保险市场主体福利变化的衡量，对于政府给予农民保费补贴和经营主体管理费补贴两种不同方式下，农业保险对投保农户福利、社会福利的影响进行了测量。其在进行农户福利测量时，将农户福利的概念定义消费者剩余。周振（2011）在研究农村金融的诱致性制度变迁对于农户福利的影响时，将农户是否获得贷款和农户收入作为农户福利的代表指标。

而更多的学者在进行农户福利评价时，都借鉴了阿马蒂亚·森的观点。由于各位学者研究目的、选取的样本特征不同，因此，在进行农户福利的综合评价时，很难构建出一个系统的、合理的指标体系。但是森的"可行能力"理论所提出的 5 项功能性活动，为农户福利测定指标体系的构建提供了重要的参考。

国外对于农村、农户福利的研究主要从政策、收入、移民等角度，对于福利影响状况进行了考察。例如，Anand 等（2005）将社会心理和主观幸福感作为因变量，从性别角度对男性和女性的可行能力进行了分析，在进行可行能力测定时，主要采用了健康、社会生活、家庭收入、房屋、休闲时间、闲暇时间的利用、工作和合作伙伴等指标。Olubunmi I. Y. A. Daniel A. B.（2009）从收入不平等的角度，对于尼日利亚伊莫州农户福利的影响进行了研究。对于福利指标的测定使用了房屋类型、房屋结构、饮用水源、卫生设施、照明来源和烹饪材料类型等指标。Bullinger C. C.（2006）从地方分权的角度对于印度尼西亚库泰地区乡村生活、农户福利的影响进行了研究。在研究中，选择固定工作、家庭条件、社会方面及政治服务等方面对于农村人口福利进行了研究，认为工作、住房、教育、交通和电力五个要素影响村民福利的取得。

从国内研究来看，高进云等（2007）在森的"可行能力"理论基础上，将影响农地城市流转前后农户福利的指标概括为家庭经济收入、社会保障、居住条件、社区生活、环境和心理共 6 项功能性活动，对于农户福利的变化进行了测量。贾燕等

（2009）根据可行能力理论，将影响农民集中居住的福利指标分为经济状况、社会保障功能、居住条件、社区生活、环境功能、发展空间和心理状况共 7 项功能性活动。王珊（2014）在研究农地流转问题时，从组织生产、经济收入、健康与休闲、社会保障、居住条件与环境、社会参与、子女教育、社会公平 8 种农户家庭功能性活动出发，对于农地流转前后农户福利情况进行了测度。朱珊（2014）选取家庭经济状况、社会保障、居住和生活条件、环境、参与自由及合理性、情感 6 项功能性活动对农地城市流转前后的农民福利进行评价。关江华（2014）从家庭经济状况、家庭居住状况、家庭社会保障、家庭发展机遇、社区环境、家庭闲暇与健康、心理状况 7 个方面 26 个指标，对于农户基地流转前后农户家庭福利的变化进行了测度。周义（2014）选择以农户家庭经济状况、社会保障、居住状况以及社会性心理 4 个维度 9 个指标作为评价失地农户福利水平的基础。苑韶峰（2012）在研究失地农民福利的相关指标时，从经济状况、居住条件、社会保障、社区环境、心理状况 5 个方面共 26 个指标测定农户福利变动。郭玲霞（2012）则从闲暇及健康、家庭经济、居住环境、社会保障、住房质量和就业机遇几个维度构成家庭功能，研究农地流转对于农户福利的影响情况；赵京（2014）等从家庭经济、资源禀赋、闲暇、心理 4 个方面，共 8 个指标研究了湖北省农地整理前后对农户福利的影响。伽红凯、王树进（2014）以家庭为研究单位，从农户的家庭经济状况、居住条件、居住环境、社会保障、社区活动、社会机会 6 个方面共 23 个指标考察组成农户福利的功能性活动，对于不同经济发展水平地区集中居住前后农户的福利变化进行了测定。李荟均（2013）从经济收入、社会保障、居住环境、环境条件、心理 5 个方面对农村宅基地置换过程中的农户福利问题进行了分析。

除此之外，张原（2011）从农村留守妇女的劳动供给方式出发，从工资性收入、农业生产收入、留守妇女健康、儿童家庭教育以及老人赡养几个方面，对于留守妇女、非留守妇女家庭的短期收益和长期收益进行了研究。彭大松（2012）针对农村劳动力流动对于家庭福利的影响进行了分析，认为农民工进城务工，会给家庭福利供给带来一定的影响。他从直接影响、间接影响两个方面进行了分析，认为这种直接影响表现在作为家庭成员的外出务工者，家庭生活常年缺位，会对家中老人的照料，在子女的教育、互动等方面造成负面的影响；而间接影响体现在，由于外出务工会导致家庭规模缩小、亲属关系淡化，从而使得传统养老方式难以实行、日常邻里和亲属帮扶网络存在解体的可能。苑鹏（2013）对于不同农业产业化经营模式进行研究时，主要从农户收入、社会资本和决策参与权等几方面的变化对于农户福利改善情况进行比较。

2.2.2.2 研究方法

在进行福利测定时，由于各位学者针对农户福利的界定存在差异，因此，所选择的研究方法也不尽相同。例如，将农户福利界定为经济福利时，苗珊珊（2014）运用 Minot 福利效应模型，选择经济福利进行农户福利效应的衡量，主要利用补偿变量的方法，测算并分解粮食价格波动所引起的农户福利效应。余亮亮等（2014）在进行基本农田规划管制农户福利损失测定时，主要根据期望效用理论，对于农户的可能收益损失进行了计算。

而另一部分学者对于农户福利的界定不仅仅包含了经济福利，还包括了非经济福利，因此，在进行福利总体测定时，既包括了定量指标，也包含了定性指标。实际分析过程中，存在着福利的这种模糊特性无法进行精确的测定问题。1965 年，美国学者 Zadeh 所创立的模糊数学方法对于此类问题提供了一种可行方法，在实践研究中已有不少学者利用该方法对福利进行测量。例如：王珊（2014）尝试运用灰色模糊综合评判方法对于农户福利变动进行测算；朱珊（2014）、关江华（2014）、伽红凯等（2014）、赵京（2014）等采用了模糊评价方法对于农户福利情况进行了计算。除此之外，周义（2014）在研究失地农民的福利变动时，建构了反映被征地农民福利特征的多维福利指标体系；进一步根据塞斯（S. Seth）的广义均值双参数构造理论，构造出具有全维度分布敏感且反映福利维度交联影响的福利测度新模型，对于福利指数的变化进行了测定。还有部分学者在进行福利测度时，采用了结构方程的方法，例如，游和远、吴次芳等（2013），郭玲霞（2012）均采用结构方程的方法测算了农地流转对于农户的家庭福利产生的影响。

2.2.2.3 农户福利研究评述

从以上内容可以看出，由于福利的综合性特点，近几年国内学者对于农户福利问题的关注越来越多，研究领域也逐步扩大，其研究主要集中在福利的测量以及福利的实证研究等方面。总体来看，还存在以下不足：

首先，在农户福利的含义界定、包含内容方面，到目前为止仍然没有形成界定清晰并且被广泛接受的标准。各学者在进行实证研究时，主要是根据自身的研究内容及研究目的，对于农户福利的含义、指标体系进行了界定，并没有权威、统一的标准。而农户福利的界定、包含的内容是进行福利测量的前提条件，因此，农民福利评价的含义需进一步明确，福利指标体系的选择需进一步完善。

其次，从农户评价的方法来看，目前国内学者在进行实证研究时，主要应用模糊评价法进行农户福利的测度，其他方法应用较少，而对于福利问题的定量测度是进行福利评价的最关键问题，在今后的研究中，应改变这种研究方法较为单一的缺陷，丰富研究方法。

2.3　概念界定

2.3.1　农户

前文已给出"家庭"的定义，但一般在研究农村问题时，还经常用到"农户"的概念。严格意义来说，"家庭"与"户"是两个不同的概念，这两个概念既有联系，又有区别。"家庭"与"户"的区别在于，家庭是由婚姻和血缘关系作为纽带所形成的群体，换句话来说，家庭成员之间必须具有姻亲关系、血亲关系或收养关系。而户则是以居住地为标志的群体。《中华人民共和国户口登记条例》规定：同主管人共同居住一处的为一户，以主管为户主；居住机关、团体、学校、企业、事业单位内部和公共宿舍的户口，共立一户或分别立户。由此可见，一户的成员可能不属于一家，反之亦然。所以对于"户"这个概念来说，还有家庭户、集体户的具体细分。但在现实生活中，尤其是在广大农村，绝大多数家庭成员吃住在一起，一家就是一户的情况是最普遍的，因此，在进行"三农"问题研究时，"农户"的概念更多地代表了"农村家庭"的含义。根据本书的研究目的，本书中的"农户"是指居住、生活在城镇之外的区域，经济独立且至少有一名成员具有中华人民共和国国籍的家庭户。

2.3.2　农户人力资本

在对于"农户"概念界定清晰的基础上，本书在研究过程中还提到了"农户人力资本"的概念。上文对于"人力资本""农村人力资本"概念进行了界定，而本书的着眼点并不是个体人力资本，而是以农户家庭为单位，对于农户家庭人力资本进行界定及分类，因此，仅仅以户主或家庭中某一主要劳动力的人力资本代表整体家庭人力资本状况并不合适，而且，从家庭功能实现的角度来看，家庭之中的某一个人对于家庭功能的实现能够产生影响，但并不是唯一产生影响的个体。例如，户主或家庭一名主要劳动力的受教育水平或人力资本状况有可能对于家庭经济功能的实现产生决定性影响，但是，家庭还有着生育、赡养老人等其他功能，这些功能的实现，很大程度上依赖于家庭中的女性劳动力完成，因此，只观察农户中一名劳动力的人力资本状况是远远不够的。本书将农户家庭作为一个整体，依据家庭功能，对于农户家庭劳动力的整体人力资本状况进行分类及评价。而对于农户家庭劳动力的判断，根据我国对于劳动年龄的划分，将年龄在 16～60 岁的人口视为劳动人口。另外，根据劳动力资源的定义，将年龄超过 60 岁，但实际参加生产劳动的人口也包括在内。由于农业生产活动对于劳动者年龄并无严格限制，且我国农业生产确实已存在"老龄化"问题，因此，这一统计标准符合我国农村生产实际。结合以上分析，本书将农户人力资本定义为"以农户为研究单位，通过教育、培训、健康投资和迁移流动等方式凝结并体现在农户每一名劳动力身上的非物质资本"。

2.3.3 农户福利

家庭建立在婚姻、血缘或收养的基础上，以共同居住和生活为主要特征。家庭作为人类社会的基本单位，是社会成员最重要的福利资源，其基本功能和责任是其他社会保护制度无法取代的。家庭功能是指家庭在其成员的生活和社会的发展方面所起的作用，主要包括社会化功能、情感功能、经济功能和生育功能等。家庭是家庭成员进行情感联系与沟通的场所，这个场所能为家庭成员提供健康成长的环境条件，并能满足家庭成员的物质需求，促进家庭成员共同应对外部风险。

从每个家庭来看，家庭成员共同居住在一起，共同进行生产和消费，并且有明确的经济和非经济分工。单独研究个人的福利状况会因为个人在家庭中的分工不同而对研究结果产生影响，造成同一个家庭内部成员福利状况相差悬殊。因此家庭福利与个人福利密切相关，但是也不能将个人福利作为家庭福利的代表；并且家庭福利的实现与家庭功能密切相关。而家庭福利的测度是个人福利测度的衍生，因此，可以按照家庭所提供的各项功能对应的子项来构建家庭功能指标。特别是对农村家庭来说，家庭通常是生产的主要单位，因此，研究福利问题时，更多地将农户家庭福利作为研究对象。

对于现有的研究家庭福利、农户福利的文献进行了查阅，发现很多学者在进行家庭福利或农户福利研究时，并未给出明确的家庭福利、农户福利的概念，对于农户福利进行较为明确界定及解释的包括：彭大松（2012）认为，家庭福利可概括为"通过家庭成员之间的协作或外部途径，帮助家庭成员适应社会（包括扶养、照顾、社会化），提高家庭生活的幸福指数，增进家庭成员人格的健康健全发展，并相互支付获得物质和精神生活的报酬。"关江华（2014）认为，农户福利主要是"以"户"或"家庭"为单元，通过比较农户宅基地流转前后家庭经济状况、居住的条件、环境以及农户的主观感受等来衡量农户福利状况"。倪念（2013）认为，农户福利是基于"可行能力"理论的福利内涵，"福利是个人获得有价值成就的能力，即人们享有的真实自由或机会"。史耀波（2012）认为"农户福利来自农户对包括收入在内的各种客观事物的主观评价"。从文献来看，诸多学者在研究家庭福利或农户福利问题时，很多未纠结于给出统一福利的概念，大多数学者是在承认福利多维概念的基础上，采用不同的内容、指标和方法对福利进行了定量研究。在具体选择哪些维度、内容的时候，主要针对于自身的研究内容及研究角度，对于可能影响农户福利的若干方面进行了总结与测度。

部分学者对于家庭福利、农户福利进行研究时，涉及的福利内容或指标如表 2-1 所示。

表 2-1　福利内容或指标统计

学者	年份	内容数量	包含内容或指标
Anand	2005	7	健康、家庭收入、房屋、社会生活、休闲时间、闲暇时间的利用、工作和合作伙伴
姜涛	2006	3	年收入、消费支出、交通工具
高进云	2007	5	家庭经济收入、社会保障、居住条件、社区生活、环境和心理
贾燕	2009	7	经济状况、社会保障功能、居住条件、社区生活、环境功能、发展空间、心理状况
徐烽烽等	2010	4	家庭经济状况、社会保障、社会机会、心理因素
李雅宁等	2011	5	家庭经济收入、家庭支出状况、社会保障、居住条件、社区交往
赵振宗	2011	1	家户的人均纯收入
张原	2011	5	工资性收入、农业生产收入、留守妇女健康、儿童家庭教育、老人赡养
马贤磊等	2012	5	家庭经济、社会保障、居住条件和居住环境、社会资本、决策参与自由
贺丹等	2012	4	家庭经济状况、社会保障状况、政治参与状况、心理状况
苑韶峰等	2012	5	经济状况、居住条件、社会保障、社区环境、心理状况
彭大松	2012	2	老年人福利、未成年子女福利
李惠梅	2013	9	生活、健康、安全、社会关系、环境、社会适应、自由、生活实现、幸福
游和远等	2013	4	收入、健康、保障、社会联系
王珊	2013	8	组织生产、经济收入、健康与休闲、社会保障、居住条件与环境、社会参与、子女教育、社会公平

（续）

学者	年份	内容数量	包含内容或指标
曹瓅等	2014	5	家庭年收入、农业收入、非农收入、生活消费、生产性支出
苗珊珊	2014	2	生产福利、消费福利
伽红凯等	2014	6	家庭经济状况、居住条件、居住环境、社会保障、社区活动、社会机会
余泉生等	2014	3	家庭收入、消费、资产
黎洁等	2014	5	农业收入、非农收入、家庭消费支出、生态效益、农户评价
丁冬等	2014	1	家庭人均纯收入
周义等	2014	4	农户家庭经济状况、社会保障、居住状况、社会性心理

　　本书认为，农户福利是指"通过农村家庭成员各自行使权利及承担义务，通过相互协作的方式实现家庭功能，并从家庭之中取得的效用或报酬，这种报酬既包括物质方面，也包括精神方面"。本章第 2 节中，对于家庭功能进行了总结，即家庭功能包括经济功能，社会化功能，生育功能，赡养功能，休息、娱乐、感情交流功能，性生活功能六项内容。将农户福利概念与家庭功能相结合并考虑数据的可得性，本书主要从经济福利、非经济福利两个方面，针对农户收入、子女抚育、老人赡养、家庭关系、闲暇生活共五项内容对于农户福利状况进行研究。

2.4　本章小结

　　本章主要是针对本研究相关的理论基础、文献进行梳理与总结，为下一章所进行的实证分析夯实理论基础。本章主要分为三大部分：第一部分为本书的理论基础，第二部分为研究综述，第三部分为概念界定。第一部分对于与本研究相关的人力资本理论、福利经济学理论和家庭经济学理论进行了总结。其中，人力资本理论是本书的基础理论，而福利经济学理论是本书的核心理论。人力资本理论中对于人力资本包含的内容及测度指标的描述为本书进行农户人力资本分类提供了依据；家庭经济学中对于家庭、家庭功能的概括使得本书能够对于家庭的功能性活动进行总结；而现代福利经济学认为，福利的内涵既包括经济福利，又包括非经济福利，认为主观福利同样重要；基数效用论和序数效用论的融合，使得福利在人际间可比；可行能力理论是现代福利经济学的代表理论，这也是本书在家庭功能性活动的基础上进行福利测度的直接理论基础。第二部分主要根据本书的研究内容，针对人力资本构成、农户福利研究的相关研究进展进行归纳总结，从中寻找研究的立足点和突破口。第三部分主要根据其他学者的研究结果及研究内容，对于本书的三个关键概念即农户、农户人力资本、农户福利进行了界定，明确了本书的研究范畴。

第 三 章

农户人力资本差异分析

3.1 数据来源

在研究过程中，为保证数据的可靠性与可信度，本书选择公开数据进行了实证研究。本书数据来源于北京大学"985"项目资助、北京大学中国社会科学调查中心执行的中国家庭追踪调查项目（China Family Panel Studies，CFPS）。CFPS 主要通过跟踪收集个体、家庭、社区三个层次的数据，关注其经济活动、教育获得、家庭关系与家庭动态、人口迁移、身心健康等在内的诸多研究主题，反映中国社会、经济、人口、教育和健康的变迁，为学术研究和公共政策分析提供相应的数据基础。

CFPS 项目于 2007 年开始前期工作，2008 年、2009 年在北京、上海、广东三地总共 2400 户家庭开展了初访与追访的预调查。2010 年，CFPS 在全国 25 个省份正式实施基线调查，其目标样本是中国 25 个省份（除香港、澳门、台湾以及新疆、西藏、青海、内蒙古、宁夏、海南）的居住在传统居民住宅内且满足项目访问条件的家庭户。调查总体包括五个"大省"（上海、河南、甘肃、辽宁和广东）和一个"小省"（25 省份中的其他省份）共 6 个部分。第一阶段抽样在 1 个小省、4 个大省中抽取区县样本，上海一个大省中抽取街道乡镇样本；第二阶段抽样时，在第一阶段抽样的基础上抽取村居样本；第三阶段抽样，是在第二阶段抽样的基础上，抽取住宅样本，并进行住宅过滤及住户过滤。在抽样过程中，CFPS调查采取地图地址法构建目标抽样框，目标样本必须同时满足两个条件：①经济独立的家庭户；②家里至少一名家庭成员具有中国国籍。确定目标家户后，访员从收集家庭成员关系结构的家庭成员问卷入手开始调查，目标家庭除了完成家庭成员问卷之外，还需完成一套家庭问卷，家庭内的每一名家庭成员则需分别完成一套个人问卷，剔除未完成、拒访等问卷，最终形成了家庭问卷、成人问卷和少儿问卷的调查。2010年，CFPS调查问卷共包括社区问卷、家庭问卷、成人问卷和少儿问卷四种类型。

本书主要针对辽宁省相关农户进行研究。在选择样本时，一方面按照国家统计局城镇、农户住户调查方案的定义，对于城乡差别进行界定，即，以我国的行政区划分为基础，以民政部门确认的居民委员会和村民委员会辖区为划分对象，以实际建设为划分依据，城镇包括城区与镇区，城区是指市辖区和不设区的市、区、市政府驻地的实际建设连接到的居民委员会和其他区域；镇区是指城区以外的县人民政府驻地和其他镇，政府驻地的实际建设连接到的居民委员会和其他区域。乡村是指上述规定划定的城镇之外的区域。另一方面，根据样本地域要求，选择辽宁省作为研究区域。

根据以上要求，对于样本家庭进行了筛选，筛选后CFPS2010辽宁省农村家庭调查户为622户。另外，在进行后续农户福利研究时，涉及的家庭功能性活动包括家庭经济、子女抚育、老人赡养等内容，而在这622户农户中存在部分单人家庭户、一代家庭户，这些家庭户无法体现或暂时无法体现子女抚育、老人赡养等功能性活动，因此，在样本处理过程中，将这部分单人家庭户、一代家庭户进行了剔除，最终确定的样本为481户，共分布于24个村，本书涉及的数据包括1133名劳动力，1251名成人，293名少儿，167 位老人，这些数据分别来源于 CFPS 家庭关系问卷库、家庭问卷库、成人问卷库、少儿问卷库。

3.2　样本特征

CFPS2010 年的调查问卷主要包含四大部分：社区问卷、家庭问卷、成人问卷及少儿问卷。最终数据形成五个基本数据库，即村居数据库、家庭关系数据库、家庭经济库、成人库、少儿库。本书研究内容与村居数据没有联系，因此，本书主要针对家庭关系数据、家庭经济数据以及成人、少儿相关数据进行了整理。

3.2.1　样本农户特征

农户家庭的基本信息对于人力资本、家庭功能的实现有着重要意义，也是后续人力资本分组及福利分析的前提，本书所涉及样本家庭户基本信息如表 3-1 所示。

表 3-1　样本农户特征

基本信息		单位	指标数值	比例
农户平均规模		人	4.28	—
农户平均劳动力人数		人	3.01	—
劳动力平均受教育年限		年	7.60	—
劳动力平均年龄		岁	40.94	—
家庭代际	2 代	户	281	58.42%
	3 代	户	193	40.12%
	4 代	户	7	1.46%

从汇总结果来看，样本农户的家庭平均规模为 4.28 人，而且样本农户的代际分布以 2 代家庭为主，占全部家庭户的

58.42%，其次为 3 代家庭，占全部家庭户的 40.12%，这两部分已占到全部家庭户的 98%左右，即使包括已剔除的 141 户单人户以及 1 代家庭户，这种结构比例也未有根本性改变，这说明目前我国农村，家庭规模已逐步缩小，家庭户以核心家庭、主干家庭为主，相比来看，核心家庭已占主要比重。

另外，样本农户家庭平均劳动力人数为 3.01 人，劳动力平均年龄为 40.94 岁，劳动力平均受教育年限为 7.60 年，按照家庭来看，其家庭平均受教育程度还未达到初中毕业水平，说明目前我国辽宁农村劳动力受教育水平整体偏低。

3.2.2　样本农户劳动力特征

CFPS 项目不仅对农户家庭关系信息、家庭经济、社会情况进行了调查，而且对于家庭成员的信息也进行了搜集，由于调查时存在劳动力外出务工、外出探亲访友等不在当地的情况，因此，所调查的 481 户农户中共有劳动力 1450 人，其中 1133 名劳动力有独立的个人问卷，根据个人问卷整理样本农户劳动力基本信息如表 3-2 所示。

表 3-2　样本农户劳动力特征

分类		指标数值（人）	比例（%）
性别	男	542	47.84
	女	591	52.16
年龄	20 岁以下	17	1.50
	20~30 岁	181	15.98
	30~40 岁	226	19.95
	40~50 岁	369	32.57
	50~60 岁	231	20.39
	60 岁以上	109	9.62

（续）

分类		指标数值（人）	比例（％）
受教育程度	文盲/半文盲	215	18.98
	小学	399	35.22
	初中	423	37.33
	高中	78	6.88
	大专	13	1.15
	大学本科	5	0.44
合计	—	1133	100.00

从表 3-2 中可以看出，家庭劳动力男女比例相近，为 1：1.09；劳动力年龄以 40～50 岁为主，这部分劳动力占到劳动力总数的 32.57％，另一组比例较高的劳动力年龄为 50～60 岁，占总劳动力总数的 20.39％，从这里可以看出，目前农村劳动力年龄偏高，这与我国人口年龄结构逐步趋进老龄化、农业生产"老龄化"的趋势一致。另外，从受教育程度来看，最高学历为初中毕业的劳动力所占比例最高，达到 37.33％，小学毕业的劳动力占到 35.22％，其次较高比例的劳动力学历为文盲/半文盲，占劳动力总数的 18.98％，从这一结构比例来看，我国农村劳动力受教育程度还是普遍偏低，目前大部分劳动力只完成了义务教育阶段的学习，文盲/半文盲还占到了相当比例。

3.2.3　样本农户少儿特征

CFPS 将 16 岁以下的人群定义为少儿，16 岁及以上的人群定义为成人。少儿问卷与成人问卷是分别为这两类人群设计的个人访问问卷。2010 年 CFPS 进行的基线调查对于少儿专门设计了问卷进行调查，少儿问卷由自答和代答两大部分组成。其中，0 岁（不含 1 岁）、1～3 岁（不含 3 岁）、3～6 岁（不含 6 岁）和 6～16 岁（不含 16 岁）分别有相对应的一套代答问卷；

10～16 岁（不含 16 岁）少儿在其家长完成其代答问卷之后，还需要完成一套自答问卷。自答问卷必须由少儿本人完成，不允许代答。代答问卷要求家长完成。在这里"家长"的定义主要是指与被访少儿同住的最主要的监护人，即照顾少儿最多、最了解少儿情况的人。根据本书研究目的，对于辽宁省农户进行筛选、剔除后，样本农户家庭的少儿问卷共 293 份，其少儿样本特征如表 3-3 所示。

表 3-3　样本农户少儿特征

基本信息		指标数值（人）	比例（％）
性别	男	146	49.83
	女	147	50.17
年龄	0 岁	6	2.05
	1～3 岁	45	15.36
	3～6 岁	49	16.72
	6～16 岁	193	65.87
合计	—	293	100.00

从少儿问卷的统计汇总结果来看，男女比例非常接近，共访问了 146 名男性少儿，147 名女性少儿。从年龄分布来看，6～16 岁少儿所占比例最大，为 65.87％，其次分别为 3～6 岁、1～3 岁少儿，其所占比例分别为 16.72％、15.36％，0 岁婴儿所占比例最低，为 2.05％。

3.3　农户人力资本分析

根据经典的人力资本理论，人力资本主要是体现在个体身上的知识、能力和健康，人力资本投资主要通过普通教育、职业培训、医疗保健和就业迁移等形式来完成，主要包括教育、医疗卫生保健、培训、迁移和"干中学"五种途径获得，因此，从人力资本存量的角度来看，正规的学历教育是形成人力资本的基本途径，个体的学历水平、受教育年限是体现人力资本的最基本指标。

除教育水平之外，迁移也是人力资本形成和积累的重要途径，从我国农村现实情况来看，大规模的农村劳动力向城镇转移，农业劳动力向第二产业、第三产业转移的过程，其实就是大幅度提升农村劳动力人力资本、增加社会人力资本存量的过程。在迁移过程中向非农产业转移的劳动力，可以通过"干中学"和在职培训的形式形成人力资本，而迁移后的"逆潮回归"，则可以极大地促进农村人力资本的积累。

根据以上理论，对于人力资本的评价与测度应从教育、健康、培训、劳动力就业迁移四个方面来进行。结合 CFPS2010 的调研结果，全部调查问卷中，并未对于个体直接询问培训次数、培训时间，关于劳动力培训方面的数据只有"时间利用"模块涉及，且调研问题为"最近非假期的一个月中，每天平均花费在学习培训上的平均小时数"，对这一问题的回答显然不能准确代表人力资本的存量水平。因此，本书忽略培训方面的因素，对于劳动力人力资本的界定从三个方面来进行，即劳动力的教育、健康、劳动力就业迁移状况。

本书选择农户家庭人力资本的指标包括七个：农户家庭劳动力平均受教育年限——代表劳动力教育水平；受访劳动力的自述健康状况、访员对于受访劳动力的健康评价——代表劳动力健康状况；2009 年农户家庭外出工作人数，2009 年农户劳动力平均外出工作时间，2009 年农户家中承担行政、管理职务人数，农户是否参与经营或完全经营非农产业——代表劳动力就业迁移情况。总体统计分析结果如表 3-4 所示。

表 3-4　农户劳动力人力资本指标统计表

	单位	最大值	最小值	平均数	标准差
农户劳动力受教育年限	年	16	3	7.60	1.99
受访劳动力自述健康状况得分	分	5	1	4.12	0.85
访员对受访劳动力的健康评价得分	分	7	2	5.45	1.23
农户家庭外出工作人数	人	4	0	0.40	0.66
农户劳动力外出工作时间	月	12	0	2.56	4.13
农户家中承担行政管理职务人数	人	2	0	0.04	0.25
农户是否参与经营或完全经营非农产业	—	1	0	—	—

注：对于"农户是否参与或完全经营非农产业"问题，选择答案为"是"或"否"两项，为后续定量化分析，将答案"是"赋值为1，"否"赋值为0。

3.3.1　教育水平

CFPS问卷对于家庭之中每位成员的最高学历情况都进行了调查，进行样本农户及个体剔除后，辽宁省农户劳动力样本最高学历为大学本科，其次为大专、高中、初中、小学，学历水平最低为文盲/半文盲。根据以上分类，将劳动力学历水平转换为受教育年限，转换标准如表3-5所示。

表 3-5　农户劳动力教育水平赋值表

学历	大学本科	大专	高中	初中	小学	文盲/半文盲
受教育年限（年）	16	15	12	9	6	3

根据以上赋值标准，样本农户中劳动力最高受教育年限为16年，最低受教育年限为3年，根据以上赋值对于农户计算出家庭劳动力平均受教育年限，再据此计算样本农户平均受教育年限为7.6年，标准差为2.0年，结合上文样本基本统计结果可以看出，样本农户平均受教育年限总体偏低，还未达到初中毕业水平（分析结果如表3-4所示）。

3.3.2 健康状况

在进行劳动力健康状况评价时，一方面，从成人问卷中的劳动力自述健康状况进行测定，其选项为五项，即健康、一般、比较不健康、不健康、非常不健康，同样采用赋值的方法，赋值标准从健康至非常不健康，分值分别为 5 分至 1 分；另一方面，从访员观察的角度对于受访劳动力的健康状况进行打分，分值从很差至很好，打分标准为 1 分至 7 分。从统计结果来看，劳动力自述健康得分最高为 5 分，最低为 1 分，平均得分为 4.12 分；从访员观察的角度来看，最高得分为 7 分，最低得分为 2 分，平均得分为 5.45 分。因此，农户劳动力总体健康状况较好，农户劳动力自述健康水平平均来看保持在基本健康标准上，访员观察的角度和自述健康程度相近。

3.3.3 就业迁移

对于农户就业迁移情况的考察共包含四个指标，即 2009 年农户家庭外出工作人数，2009 年农户劳动力平均外出工作时间，2009 年农户家中承担行政、管理职务人数，农户是否参与经营或完全经营非农产业。从表 3-4 的分析结果可以看出，2009 年农户家庭外出工作劳动力人数最多为 4 人，最少无外出工作劳动力，户平均外出劳动力人数不到 1 人。从农户劳动力平均外出工作时间来看，最大值为 12 个月，即长年在外工作，最小值为 0，即农户家庭劳动力无外出工作经历，总体农户劳动力平均外出工作时间不到 1 个月。对于农户家庭承担行政、管理职务人数这一指标的统计，总体来看，有这种情况的农户数目较少，农户承担行政、管理职务的人数最多为 2 人，最少为 0 人。农户是否参与经营或完全经营非农产业也是考察农户劳动力就业情况的关键指标，对于这一数据采用虚拟变量的赋值方法，参与经营或完全经营非农产业的农业赋值为 1，无此经历的农户赋值为 0。

3.4　农户人力资本分类

根据以上七个指标，从教育、健康、就业迁移三个方面，对于农户人力资本指标进行统计与计算，并根据农户家庭人力资本情况进行聚类分析。根据聚类分析的结果，将样本农户家庭按照人力资本的高低分成三类，即高人力资本农户、中等人力资本农户、低人力资本农户（表 3-6）。

表 3-6　农户人力资本聚类分析结果

	高人力资本农户	中等人力资本农户	低人力资本农户	合计
户数（户）	148	124	209	481
比例（%）	30.77	25.78	43.45	100

从分类结果中可以看出，样本家庭中等人力资本户数较少，占样本农户数的 25.78%，绝大多数农户家庭属于低人力资本水平，共 209 户，占样本总户数的 43.45%，以上结果说明农户人力资本水平总体还是偏低，各人力资本水平组样本特征如表 3-7 所示。

表 3-7　不同人力资本农户劳动力特征

	单位	高人力资本农户		中等人力资本农户		低人力资本农户	
		指标值	比例	指标值	比例	指标值	比例
劳动力平均年龄	岁	39.30	—	39.72	—	43.06	
平均受教育年限	年	9.42	—	7.89	—	6.15	—
自述健康状况得分	分	4.33	—	4.01	—	4.04	—
访员对劳动力的健康评分	分	5.60	—	5.41	—	5.36	—

（续）

	单位	高人力资本农户		中等人力资本农户		低人力资本农户	
		指标值	比例	指标值	比例	指标值	比例
农户外出工作人数	0人 户	135	91.22%	0	0.00%	188	89.95%
	1人 户	12	8.11%	102	82.26%	18	8.61%
	2人 户	1	0.67%	18	14.52%	3	1.44%
	3人 户	0	0.00%	2	1.61%	0	0.00%
	4人 户	0	0.00%	2	1.61%	0	0.00%
	平均 人	0.09	—	1.23	—	0.23	—
劳动力平均外出工作时间	月	3.50		9.06		2.93	
承担行政、管理职务人数	0人 户	140	94.59%	120	96.77%	203	97.13%
	1人 户	5	3.38%	4	3.23%	6	2.87%
	2人 户	3	2.03%	0	0.00%	0	0.00%
参与或完全经营非农产业	是 户	27	18.24%	7	5.65%	14	6.70%
	否 户	121	81.76%	117	94.35%	195	93.30%

　　根据聚类分析的结果在进行高、中、低人力资本分类时，主要根据分类结果进行了判断：教育水平、健康与人力资本存量存在正向变动关系。因此，判断教育水平越高、健康水平越好的农户其人力资本存量也就越高。另外，人力资本水平也会随迁移成本的提高而提高，但实际分类结果显示，教育、健康水平最好的农户劳动力外出工作情况反而最少，教育、健康水平中等的农户普遍存在外出工作情况，且外出工作时间也较长。农户就业迁移为何出现这一趋势？一方面，结合家庭成员库中的家庭成员个人职业分类可以看出，尽管高人力资本农户中也有部分劳动力在当地从事大田作物生产，但相当比例的高人力资本农户劳动力在当地从事着技术含量较高的工作，包括专业技术工作、教育工作、政府部门行政工作、商业服务工作、工业生产工作等，这些工作相对稳定，收入水平在当地也较高，

这部分劳动力不需要通过外出务工的方式提高家庭收入水平，因此，无论从外出工作人数、外出工作时间来看，高人力资本的农户都低于中等人力资本农户。而中等人力资本农户劳动力受教育程度要高于低人力资本农户，其具备外出就业、承担相对复杂工作的能力，因此，农户中外出工作人数占到了相当大的比重，外出工作时间也相对较长。低人力资本农户劳动力受教育程度偏低，总体年龄也偏大，外出工作的能力较弱，从其职业分类也可以看出，绝大多数农户以大田作物生产为主，且外出务工人数、外出务工时间都偏低。

另一方面，不同人力资本分类的这种就业迁移特征也可以从农户职业 ISEI 得分统计中显示出来（表3-8）。CFPS2010 在家庭成员库中提供了每名家庭成员的职业 ISEI 得分。ISEI 是指国际标准职业社会经济指数（International Socio-Economic Index of Occupational Status），是特里曼（Treiman）、甘泽布姆（Ganzeboom）和格拉夫（Graaf）等学者根据不同国家数据将社会经济地位指数转换为国际标准职业社会经济地位指数。ISEI 属于连续型变量，取值越大，表明个人的社会经济地位越高。根据本书样本数据，将农户家庭劳动力的 ISEI 得分进行统计及平均，并计算出不同分类农户职业 ISEI 平均得分。根据劳动力的职业 ISEI 得分发现，教育水平、健康状况最好且迁移状况最少那一类农户其职业声望平均得分最高（29.94 分）；其次为教育水平、健康状况较好且迁移状况最多那一类农户（26.20 分）；最差为教育水平最差、健康状况最差且迁移状况较多那一类农户（25.75 分）。根据以上情况进行分析，教育水平、健康状况最好那一类农户在当地具有较好的就业能力，且从事较为稳定的工作，因此，不需要通过外出就业这一方式增加家庭收入，判断该类农户为高人力资本农户；而教育水平、健康状况较好的农户劳动力本地业就业能力不强，但由于其整体教育水平较好，具备外出就业、承担相对复杂工作的能力，因此，该类农户劳动力外出就业情况较为普遍，判断该类农户为中等人力资本农户；最后，教育水平、健康状况最差的农户劳动力外出就业能力不强，因此，该类农户劳动力外出情况较少，判断该类农户为低人力资本农户。

按照这一分类标准，发现中等人力资本农户职业声望尽管高于低人力资本农户职业声望，但其差异并不明显，这也是因为职业 ISEI 得分统计的是个体主要工作的职业声望得分，因此，尽管中等人力资本水平农户中相当多的劳动力外出务工，从事的工作技术含量比大田作物生产更高，但由于很多劳动力外出务工时间较短，其职业分类还是进行农业生产，这也就导致了中等人力资本农户职业声望得分与低人力资本农户无明显差异。

表 3-8 不同人力资本农户职业 ISEI 得分

	高人力资本农户	中等人力资本农户	低人力资本农户
ISEI 平均得分（分）	29.94	26.20	25.75

综上所述，从农户家庭人力资本聚类分析结果可以看出，农户人力资本与年龄呈现负相关关系，高人力资本农户、中等人力资本农户、低人力资本农户劳动力平均年龄分别为 39 岁、40 岁、43 岁。另外，高人力资本农户、中等人力资本农户、低人力资本农户的平均受教育年限分别为 9 年、8 年、6 年，受教育年限较高的农户其人力资本也就越高。从这两组数据可以看出，较年轻的农民受教育程度总体来说好于年龄较大农民，这也说明了我国农村总体受教育水平在不断提高。

从健康水平来看，高人力资本农户劳动力无论从自述健康状况得分还是从访员对于受访劳动力的健康评价得分来看，都优于中等人力资本农户、低人力资本农户。高人力资本农户劳动力自述健康得分、访员对于受访劳动力的健康评价得分分别为 4.33、5.60，而中等人力资本农户、低人力资本农户这两组分别为 4.01、5.41，4.04、5.36，这也说明健康水平越高的农户，其人力资本水平也就越高。

从农户就业迁移角度来看，中等人力资本农户无论是从家庭外出工作人数还是外出工作时间，都要高于高人力资本农户和低人力资本农户。高人力资本农户中，其外出务工比例相当低，2009 年没有外出务工经历的农户占农户总数的 91.22%，其绝对优势非常明显；而中等人力资本农户家庭都有外出务工经历，其差异只是表现在外出务工人数的多少上，家庭中有 1人外出务工的占到总户数的 82.26%，有 2 人外出务工的占总户数的 14.52%；低人力资本的农户外出务工人数反而出现下降，家庭无外出务工经历的占总户数的 89.95%，有 1 人外出务工的占总户数的 8.61%。从外出工作时间来看，与外出务工经历呈现出相同趋势，即高人力资本农户平均外出务工时间为 4 个月，而中等人力资本农户、低人力资本农户平均外出务工时间分别为 9 个月、3 个月。

从农户家中承担行政、管理职务人数这一指标来看，总体来说不论哪类人力资本水平的指标数值都偏低，但三组结果也存在着一定差异：高人力资本农户家中有人承担行政、管理职务的比例为 5.41%，而且样本家庭中有 1 人承担职务的，也有 2人承担行政、管理职务的；而中等人力资本农户、低人力资本农户家中有 1 人承担行政、管理职务的比例分别为 3.23%、2.87%，且都没有 2 人承担行政、管理职务的样本。

对"农户是否参与经营或完全经营非农产业"这一问题的整理结果，高人力资本农户参与或完全经营非农产业的比例为18.24%，而中等人力资本农户、低人力资本农户这一比例分别为 5.65%、6.70%，这说明人力资本越高农户，其离农趋势越为明显，越有能力参与非农产业。

3.5 本章小结

本章主要根据研究目的，对于 CFPS2010 中辽宁省农户劳动力的人力资本水平进行了分类。本章共分四大部分：

第一部分为数据来源，主要针对本书所应用的数据进行了说明与解释。

第二部分为样本特征，主要针对样本农户、样本农户的劳动力、农户中的少儿样本进行了初步的统计分析。

第三部分主要根据人力资本的概念及特点，选择样本农户中的全部劳动力作为研究单位，从受教育程度、健康状况、就业迁移 3 个方面选择了 7 个指标对于农户家庭人力资本水平进行了统计分析。从总体分析结果来看，辽宁省农村农户家庭总体人力资本无论是从学历教育完成情况、外出就业情况还是非农产业参与率来看，都还处在较低水平。

第四部分根据农户劳动力的人力资本状况，对于农户家庭进行了分类。主要根据反映农户人力资本状况的 7 个指标对农户人力资本状况进行聚类分析后，将样本农户按照人力资本存量分为三类，即：高人力资本农户、中等人力资本农户、低人力资本农户。通过对于不同人力资本农户受教育程度、健康状况、就业迁移相关指标进行比较可以看出，受教育水平、有无外出务工经历是造成不同农户人力资本出现差异的最主要原因。对于高人力资本农户来说，较好的教育背景提升了劳动者在本地进行就业、尤其是进入非农产业的机会，其整体职业声望较高。对于中等人力资本农户来说，其受教育水平略低于高人力资本农户，处于中间水平，但这部分农户具有外出务工经历的劳动力较多，时间也较长，对于较长时间在外务工的农民来说，这种外出务工的经历使其更多地接触新的技术与知识，开阔了视野，也会促使其人力资本得到提升。最后，低人力资本农户的受教育水平较低，平均只达到小学毕业水平，教育背景的约束，成为其外出就业的障碍，使这部分农户家庭外出务工人数较少、时间较短，也很难参与非农产业的经营与管理。根据以上分析，将人力资本分类后，为进一步对于不同人力资本农户福利状况的分析奠定基础。

第四章

不同人力资本农户福利状况分析

4.1 理论框架

阿马蒂亚·森的可行能力理论认为，个人的福利水平不应根据其所拥有的资源或商品进行评价，商品能够给人们带来什么，或人们能够从商品获得什么，即功能性活动，才能对福利水平产生影响。因此，对一个人的福利进行评价，其信息基础在于个人实际能够做某事，实现某种功能性活动组合的可行能力，也就是一个人能过某种生活的自由程度和他实际有的机会。另外，在森的可行能力理论中，还有一个很重要的概念，即转换因素。他认为，商品与我们运用商品而达到的生活状况之间的差异，即能将商品转化为福利的转换因素，主要包括个人的异质性、自然环境的多样性、社会环境差异、人际关系的差异、家庭内部的分配五项内容。在不同的转换因素下，个体对于固有资源或商品的获取能力也是不同的。因此，本书基于森的可行能力理论，以农户家庭作为研究单位，从家庭功能出发，将农户人力资本作为转换因素，研究不同家庭特征——人力资本差异情况下，农户福利的获得与差异。

本书在研究时，主要从农户劳动力人力资本存量出发，基于不同的人力资本水平对于农户进行聚类分析，将农户分为高人力资本农户、中等人力资本农户及低人力资本农户。

　　由于家庭是人类生产、生活的最基本单位，家庭成员从家庭之中所获取的福利与家庭功能的实现密切相关，并且家庭功能主要包括经济功能、社会化功能、生育功能、赡养功能、休息、娱乐、感情交流功能等，因此，本书在研究农户家庭福利时，主要从家庭功能出发，从经济福利、非经济福利两个方面，针对农户收入、子女抚育、老人赡养、家庭关系、闲暇活动五项内容对于受访农户的福利状况进行考察。对于样本农户的经济福利状况，主要对于农户收入情况进行分析。对于农户的非经济福利状况，主要从四个方面进行分析。其一为子女抚育情况，主要从主要养育人对于家庭子女健康关注、生活照料、日常生活关怀以及教育情况关注几个方面进行分析；其二为老人赡养情况，主要分析家庭对于老人的经济支持、日常照料及精神慰藉情况；其三为家庭关系情况，主要考察家庭成员之间关系是否融洽，能否通过家庭进行良好互助与沟通；其四为闲暇生活状况，主要考察家庭成员闲暇消费、时间分配以及闲暇活动情况。由于家庭功能活动的实现可以从各项内容、不同侧面进行体现，因此，本书首先应用统计分析方法对于农户家庭的功能性活动进行了分析与对比，具体分析内容见图4-1。

　　在统计分析的基础上，选择相关变量对于研究农户总体福利进行了测度，并对于不同人力资本水平下的农户福利状况进行了测度及比较。

　　最后，在福利测度的基础上，具体分析了人力资本的不同构成要素对于农户福利产生的影响。

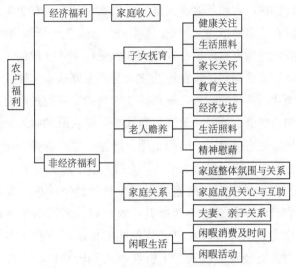

图 4-1 农户福利分析框架

4.2 经济福利

衡量福利状况最重要的指标是经济福利，无论对于个人、家庭还是社会来说，收入的提高、经济的发展都会使满足感、幸福感得到提升，从而提高福利水平。因此，对于农户家庭的经济福利进行评价，是对其家庭福利状况评价的基础指标。对于家庭经济福利进行考察，家庭收入是最为直观的指标，家庭收入高，家庭福利的状况就好；反之则相反。CFPS2010 对于家庭收入情况的调查，既包括家庭总收入、家庭纯收入，也按照来源对于农业生产收入、工资性收入、非农经营收入①、财产性

---

① 这里所指的非农经营包括：采矿业，制造业，电力、燃气及水的生产和供应业，建筑业，交通运输、仓储和邮政业，信息传输、计算机服务和软件业，批发和零售业，住宿和餐饮业，金融业，房地产业等内容。

收入、转移性收入和其他收入进行了调查。其中，农业生产收入包括家庭在从事种植业、林业、畜牧业、渔业生产所取得的收入；工资性收入是指家庭成员在农业或非农受雇工作挣取的工资、奖金和实物形式的福利；非农经营收入是指家庭从事个体经营或开办私营企业所获得的收入；转移性收入是指家庭通过政府的转移支付（如养老金、补助、救济）和社会捐助获取的收入；财产性收入是指家庭通过投资、出租土地、房屋、生产资料等获得的收入；其他收入是指通过亲友的经济支持和赠予获取的收入。

从我国农村现实情况来看，整体社会经济的快速发展所带来的是农户收入水平的不断提升，农户收入来源的多元化趋势也成为常态，绝大多数农户已从单纯的传统农业收入占主导地位转变为家庭经营性收入、工资性收入和转移性财产性收入等多种形式并存的收入来源结构，其中家庭经营性收入与工资性收入是农户家庭收入的主要两种来源。针对上文对于农户家庭人力资本的分类，对于不同人力资本农户的家庭总收入及各类收入情况进行统计，结果如表 4-1 所示。

表 4-1　各类人力资本农户家庭收入比较

单位：元

收入来源	高人力资本农户		中等人力资本农户		低人力资本农户	
	数值	比例	数值	比例	数值	比例
农业生产总收入	14008.11	38.07%	16182.07	46.07%	13394.77	51.18%
工资性收入	17987.57	48.89%	17165.32	48.87%	11098.06	42.40%
非农经营收入	815.60	2.22%	0.00	0.00%	0.00	0.00%
财产性收入	875.54	2.38%	46.37	0.13%	117.47	0.45%
转移性收入	1116.39	3.03%	452.93	1.29%	455.41	1.74%
其他收入	1990.97	5.41%	1277.1	3.64%	1106.59	4.23%
合计	36794.18	100.00%	35123.79	100.00%	26172.3	100.00%

从表 4-1 中可以看出，随着农户人力资本的提高，家庭总收入呈现上升趋势，尤其高人力资本农户、中等人力资本农户的收入水平与低人力资本农户相比，差距非常明显：高人力资本农户的收入为低人力资本农户的 1.41 倍，中等人力资本农户的收入为低人力资本农户的 1.34 倍。另外，不同的人力资本水平下，农户的收入结构也发生明显变化。这表现为，农户农业生产总收入占家庭总收入的比重随着农户人力资本的提高呈现下降趋势，即由 51.18％下降到 38.07％，而各项非农收入比重基本呈现上升趋势，这种趋势在工资性收入、非农经营收入，财产性收入比重的变动方面均有表现。例如，低人力资本农户的工资性收入比重只占到 42.40％，而高人力资本农户达到 48.89％；低人力资本农户和中等人力资本农户都未有非农经营收入，而高人力资本农户非农经营收入占到总收入的 2.22％；低人力资本农户财产性收入仅占总收入的 0.45％，而高人力资本农户这一比例达到了 2.38％。从以上数据可以看出，一方面，人力资本越高的农户，其收入水平越高，这说明人力资本的提升对于家庭收入有着明显的正向影响；另一方面，人力资本越高的农户，离农趋势越为明显，家庭的经济收入对于传统农业的依赖也就越低，家庭成员更有机会参与非农生产、经营活动，且家庭收入的来源更为丰富多样。

对于农户收入情况进行探讨和比较，可用的比较指标较多，不仅包括上文提到的农户家庭总收入，还包括农户纯收入、农户人均收入、农户劳均收入等。由于家庭总收入与家庭规模、劳动力数量直接相关，即农户收入主要取决于家庭劳动力而不是全部家庭成员，因此，为了进行不同人力资本下农户经济福利之间更为直接的比较，进一步计算农户劳均收入。劳均收入采用家庭收入总量指标与家庭劳动力数量进行比较。通过这一指标的计算，使得不同人力资本下，不同家庭规模、不同劳动力数量下的家庭收入具有可比性。另外，为反映家庭收入结构变动，除计算劳均农户纯收入外，还计算了农户劳均纯农业收入、农户劳均非农收入两个指标，在计算中，将除农业生产收入之外的其他收入进行合并，统计为非农收入，其计算结果如表 4-2 所示。

表 4-2 各类人力资本农户家庭劳均纯收入比较

单位：元

收入来源	高人力资本农户		中等人力资本农户		低人力资本农户	
	数值	比例	数值	比例	数值	比例
劳均农业生产收入	3083.51	30.30%	3029.41	34.47%	3231.43	39.82%
劳均非农收入	7093.97	69.70%	5759.94	65.53%	4882.98	60.18%
合计	10177.48	100.00%	8789.35	100.00%	8114.41	100.00%

从表 4-2 中可以看出，不同人力资本农户在劳均收入上呈现出的变动趋势与农户总收入呈现的变动趋势保持一致，其差异及特征更为明显。随着人力资本的提高，劳均家庭纯收入不断增加，高人力资本农户劳均家庭纯收入为中等人力资本农户的 1.16 倍，为低人力资本农户的 1.25 倍。从收入结构来看，较高人力资本的农户，其脱离农业生产的趋势较为明显，劳均非农收入占到总收入的比重为 69.70%；而中等人力资本的农户、低人力资本的农户该比例分别为 65.53%、60.18%。从这一趋势也可以看出，人力资本较高的农户，更有能力开展非农生产经营活动，对于其提高家庭收入的作用也就更为明显。

综上所述，一方面，从总体收入水平来看，不论是高人力资本农户还是低人力资本农户，农户收入水平依然偏低，与城镇居民相比，还存在着一定差距（根据测算，我国城镇居民

2009 年劳均可支配收入为 33311.91 元[①])。从收入来源与结构来看，农户的主要收入来源依然是劳动性收入，资产性收入的比例较低。其中，家庭经营收入在农户收入来源所占比重有所降低，随着城镇化的推进和农村劳动力的持续外流，外出务工收入、从事非农生产的收入已经成为农户收入的重要组成部分，工资性收入在农户收入中的比重提升明显。另一方面，人力资本提升对于农户收入水平的提高、收入结构改善的作用明显，农户人力资本的提高，不但提升了农户的总体经济福利，而且降低了农户对于农业生产的依赖，提高了工资收入、非农经营收入等其他收入的比例。

4.3　非经济福利

从家庭功能来看，家庭除为家庭成员提供最基本的经济福利外，还提供了非经济福利，这种非经济福利主要来源于子女抚育、老人赡养、家庭关系、闲暇活动。

4.3.1　子女抚育

儿童是社会、国家的未来劳动力，儿童对于未来社会具有极大的经济价值，对于儿童的投资会使得整个社会获得收益。儿童的健康和教育取决于国家、社区尤其是家庭的投入，这种投入不仅包括教育、健康等相关人力资本投资，还包括照料时间上的投入。因此，儿童抚育包括两层含义，一是指对于儿童生活的照料，二是指对于儿童的教育。

目前来看，世界各国对于儿童抚育主要由家庭、家族、基

---

① 根据《2010 年中国统计年鉴》中城镇居民人均可支配收入、平均每户家庭人口数、平均每户就业人口数估算得出。

层社区、政府等不同单位承担。发达国家对于儿童的生存权利、受保护权利、发展权利较为重视，很多国家已经建立起较为完善的儿童福利政策，国家、社会对于儿童抚育的参与性较高。通过这种方式保证社会公正，儿童能够享受到相应的权利与保障，这表现在有些国家建立了覆盖所有儿童的普惠型、制度化儿童福利体系，而有些国家建立了以保护儿童免受忽视、虐待和遗弃为主要内容的残缺型儿童福利。从我国儿童福利政策的实践看，过去几十年来我国儿童福利方面的法律、法规和政策逐步完善：政策实践上，中央和地方各级政府对儿童教育、儿童健康、儿童司法保护与孤儿保障等投入了巨大的经济和人力资源，在实践中取得了显著成效。从我国已实施的儿童福利政策可以看出，我国现有的儿童福利政策偏重经济的投入，但对于儿童照顾福利的发展却远远未有涉及。例如，虽然目前我国已有关于被遗弃的孤儿、流浪儿童的救助政策，但对于儿童的社会化照顾、对于家庭照顾儿童的协助，还未加以关注，尤其是在经济发展较为落后的农村地区，可以说目前，甚至未来的几十年内，家庭对于抚育儿童的作用依然占据主导地位。台湾学者曾华源、郭静晃对儿童福利需求的内容做了非常详细的阐述，将这些需求归结为8类：其一，获得基本生活照顾；其二，获得健康照顾；其三，获得良好的家庭生活；其四，满足学习的需求；其五，满足休闲和娱乐需求；其六，拥有社会生活能力的需求；其七，获得良好心理发展的需求；其八，免于被剥削伤害的需求。从上述内容也可以看出，这些需求大部分内容只能从家庭之中获得。

对于美国教育产生巨大影响的《科尔曼报告》指出，家庭背景是影响个人教育发展的重要因素。教育的影响并不仅仅是固定在正规的教育机构里，按照一定严格的方式进行的"传授"活动。对于儿童教育来说，除正规学校教育外，家庭对于儿童教育也起到了不可忽视的作用，这种作用更多指的是成人对儿童施加的一种影响，这种影响存在于成人与儿童的交往方式，同时家中成人的生活方式、价值观、抚育方式也对儿童产生影响，塑造着儿童期的人格特征，因此，各种家庭功能失调问题、经济贫困、父母文化资源的缺乏都可能阻碍对儿童的人力资本投资。因此，家庭人力资本的不同，有可能对于儿童福利的获得产生重要影响。这种影响可以从正面效应、负面效应两个方面来体现。一方面，从正面效应来看，人力资本较高的家庭，由于家庭教育背景较好，对于信息的获取、理解能力较强，因此，更为重视子女的健康、教育投资，对于子女的照料、教育更为关注；另外，人力资本较高的家庭，一般也有着较高的收入水平，更有能力对于子女的抚育提供资金支持，改善家庭生活条件、子女的学习条件。另一方面，从负面效应来看，按照正常的家庭功能，父母应该作为子女的直接照料者与监护人，而从目前我国农村家庭基本情况来看，相当一部分家庭中较为年轻、人力资本较高的劳动力都存在短期甚至长期外出务工的情况。经济学家舒尔茨认为，国内或国际迁移是一种人力资本投资形式，其目的在于获得更好的人力资本配置收益。这种迁移行为会对其他未迁移的家庭成员的福利状况产生各种直接或者间接的影响，比如影响子女的健康水平、教育获得、未来的迁移机会等（Lee and Park，2010）。因此，农村家庭父母教养角色的缺失，对于子女的抚育质量也会产生一定影响，例如，由于父母外出务工，使其子女面临短期、长期与父母单方或父母双方分离的问题，这使得家庭之中未成年子女出现陪伴时间不足、照料质量不高的问题，这对于儿童的身心健康、教育质量都会产生一定影响。从本书的研究角度来说，本书所研究的子女抚育是抛开社区、国家的角度，主要是指家庭对于未成年子女的照顾与教育。

因此，本书从不同人力资本水平农户家庭对子女抚育的基本情况进行分析，主要从以下四个方面进行：对子女的健康关注、生活照料、家长关怀以及教育关注。

不同人力资本农户少儿特征统计如表 4-3 所示。按照不同人力资本农户标准对于受访少儿进行分组，高人力资本农户共有少儿 94 人，其中男性 39 人、女性 55 人，不到 1 岁的婴儿比例占 2.13%，1～3 岁（不含 3 岁）的幼儿比例为 15.96%，3～6 岁（不含 6 岁）的少儿比例为 12.77%，6～16 岁（不含 16 岁）少儿比例为 69.15%；中等人力资本农户受访少儿共 66 人，其中男性 29 人、女性 37 人，不到 1 岁的婴儿比例占 3.03%，1～3 岁（不含 3 岁）的幼儿比例为 22.73%，3～6 岁（不含 6 岁）的少儿比例为 18.18%，6～16 岁（不含 16 岁）少儿比例为 56.06%；低人力资本农户受访少儿 133 人，其中男性 78 人、女性 55 人，不到 1 岁的婴儿比例占 1.5%，1～3 岁（不含 3 岁）的幼儿比例为 11.28%，3～6 岁（不含 6 岁）的少儿比例为 18.80%，6～16 岁（不含 16 岁）少儿比例为 68.42%。

表 4-3　不同人力资本农户少儿特征

单位：人，%

		高人力资本农户		中等人力资本农户		低人力资本农户		合计	
		人数	比例	人数	比例	人数	比例	人数	比例
性	男性	39	41.49	29	43.94	78	58.65	146	49.83
别	女性	55	58.51	37	56.06	55	41.35	147	50.17
年	1 岁以下	2	2.13	2	3.03	2	1.50	6	2.05
	1～3 岁	15	15.96	15	22.73	15	11.28	45	15.36
龄	3～6 岁	12	12.77	12	18.18	25	18.80	49	16.72
	6～16 岁	65	69.15	37	56.06	91	68.42	193	65.87
	合计	94	100	66	100	133	100	293	100

4.3.1.1 健康关注

　　家庭中父母对于子女的健康关注表现在很多方面，例如，对于不同人力资本农户少儿出生场所进行比较发现，高人力资本农户、低人力资本农户少儿出生在医院的比例基本相近，为75％左右，中等人力资本农户少儿在医院出生的人数稍低，为69.7％（表4-4）。对于出生在医院、其他场所的少儿出生地类型进一步分析发现，低人力资本农户少儿出生在城市医院的比例相对最高，为34％，其次为高人力资本农户少儿，比例为32.39％，中等人力资本农户少儿出生在城市医院的比例最低，为26.09％；中等人力资本农户少儿出生于城镇医院的比例最高，为52.17％，高人力资本农户少儿出生在城镇医院的比例为47.89％，低人力资本农户这一比例为46％；在农村医院出生的少儿比例，各类人力资本农户相差不大，均为18％左右（表4-5）。从目前我国医疗资源配置情况来看，城市医院的医疗水平、卫生条件相比城镇医院、农村医院优势非常明显，因此，由以上数据可以看出，相对来说，高人力资本农户和低人力资本农户对于子女的生育健康更为重视。

表 4-4　各类人力资本农户少儿健康统计（一）

单位：人，％

出生场所	高人力资本农户		中等人力资本农户		低人力资本农户	
	人数	比例	人数	比例	人数	比例
医院	71	75.53	46	69.70	100	75.19
家里	22	23.40	20	30.30	33	24.81
其他	1	1.07	0	0.00	0	0.00
合计	94	100.00	66	100.00	133	100.00

表 4-5　各类人力资本农户少儿健康统计（二）

单位：人，%

出生地类型	高人力资本农户		中等人力资本农户		低人力资本农户	
	人数	比例	人数	比例	人数	比例
城市	23	32.39	12	26.09	34	34.00
城郊	1	1.41	0	0.00	2	2.00
城镇	34	47.89	24	52.17	46	46.00
农村	13	18.31	9	19.57	18	18.00
不知道	0	0.00	1	2.17	0	0.00
合计	71	100.00	46	100.00	100	100.00

　　另外，对于"家长是否已经为孩子购买医疗保险"这一问题进行询问，其整理结果显示，人力资本高的家庭对于孩子的保险意识更强，有 53.19% 的家长为孩子购买了社会医疗保险，13.83% 的家长为孩子购买了商业医疗保险；中等人力资本农户 40.91% 的家长购买了社会医疗保险，18.18% 的家长购买了商业医疗保险；而低人力资本农户有 48.12% 的家长为孩子购买了社会医疗保险，12.78% 的家长为孩子购买了商业医疗保险。比较来看，中等人力资本农户子女的社会医疗保险参保率不高，但商业医疗保险参保率较高（表 4-6、表 4-7）。

表 4-6　各类人力资本农户少儿健康统计（三）

单位：人，%

购买社会医疗保险	高人力资本农户		中等人力资本农户		低人力资本农户	
	人数	比例	人数	比例	人数	比例
是	50	53.19	27	40.91	64	48.12
否	44	46.81	39	59.09	69	51.88
合计	94	100.00	66	100.00	133	100.00

表 4-7 各类人力资本农户少儿健康统计（四）

单位：人，%

购买商业 医疗保险	高人力资本农户		中等人力资本农户		低人力资本农户	
	人数	比例	人数	比例	人数	比例
是	13	13.83	12	18.18	17	12.78
否	81	86.17	54	81.82	116	87.22
合计	94	100.00	66	100.00	133	100.00

CFPS2010 年少儿问卷针对 10～15 岁少儿进行了健康评分，打分由采访者给出，分值标准为 1～7 分，分别代表很差至很好，分数越高，说明孩子的健康情况越好。针对不同人力资本农户进行分类汇总后发现，高人力资本农户孩子的健康情况最好，计算得其健康平均得分为 6.09 分，而中等人力资本农子女的健康评分为 5.67 分，而低人力资本农户这一分值为 5.75 分。另外，从分值结构来看，高人力资本水平农户子女非常健康（7分）的比例最高，达到 41.86%，其次为低人力资本农户，最差为中等人力资本农户（比例为 28.57%）；而从得分较低的 3 分、4 分情况来看，与这一比例恰好相反。因此，从总体来看，高人力资本农户子女总体健康水平要优于低人力资本农户，中等人力资本农户子女的健康水平相对最低（表 4-8）。

表 4-8 各类人力资本农户少儿健康统计（五）

单位：人，%

少儿健康评分 （10～15 岁）	高人力资本农户		中等人力资本农户		低人力资本农户	
	人数	比例	人数	比例	人数	比例
3 分	0	0	0	0.00	2	3.39
4 分	2	4.65	4	19.05	6	10.17
5 分	10	23.26	5	23.81	19	32.20
6 分	13	30.23	6	28.57	10	16.95
7 分	18	41.86	6	28.57	22	37.29
合计	43	100.00	21	100.00	59	100.00
平均分		6.09		5.67		5.75

4.3.1.2 生活照料

本书所指的生活照料是指对于家庭之中少儿日常生活的照管，主要考察子女的日常生活由谁负责，父母在其中承担的角色及地位。父母作为子女的第一责任人，在子女的抚育过程中承担着最为重要的角色，这一地位是任何人不能替代的。在对农户子女的主要照管人进行统计时，高人力资本农户子女由父亲或母亲照管的比例为86.17%，是各人力资本分类中最高的；中等人力资本农户子女由父母照管的比例为80.3%；低人力资本农户子女由父母照管的比例为75.94%，比例最低。除此之外，各类人力资本农户在孩子照管上的集中特征还表现在孩子由母亲照管的比例都占绝对优势，并且除父母外，主要照管人还包括了祖、外祖父母（表4-9）。

表4-9　各类人力资本农户少儿生活照料状况统计（一）

单位：人，%

主要照管人	高人力资本农户		中等人力资本农户		低人力资本农户	
	人数	比例	人数	比例	人数	比例
父亲	1	1.06	0	0.00	5	3.76
母亲	80	85.11	53	80.30	96	72.18
祖、外祖父母	12	12.77	11	16.67	29	21.80
其他	1	1.06	2	3.03	3	2.26
合计	94	100.00	66	100.00	133	100.00

在此基础上，进一步分析"如果孩子不是由父母照管，最近非假期的一个月，平均每周能够见到父母的次数"。这里统计的标准为："见到父母"是指见到父亲或母亲任何一方或双方均可，这里所指的"见到"是指在一起的时间长于1个小时的见面，如果一天见面次数超过1次，且每次长于1个小时，还以1次计算。统计发现，高人力资本农户子女由父母之外的照管人进行照料的，未出现一周不能见父母一次的现象，有46.15%的

孩子能够天天与父母见面，一周只能见父母1～3次的同样占46.15％；中等人力资本农户子女由父母之外的照管人进行照料的，一周一次也不能见到父母的孩子比例最高，为15.38％，但有53.85％的孩子每天能与父母见面。而对于低人力资本农户来说，其子女由父母之外的照管人进行照管的比例是各类人力资本农户之中最高的，但却有68.75％的子女能够天天见到父母，这一比例也是同组之中最高的（表4-10）。通过以上分析可以看出，在对子女的照管问题上，高人力资本农户的父母具备条件的话，基本采取亲力亲为的态度，而对于低人力资本农户来说，尽管有些家庭具备父母照管孩子的条件，但其依然将这一责任放在孩子的祖/外祖父母身上。对比来看，高人力资本农户父母对于孩子的照管态度更为负责。

表 4-10 各类人力资本农户少儿生活照料状况统计（二）

单位：人，％

非父母照管少儿与父母见面次数	高人力资本农户		中等人力资本农户		低人力资本农户	
	人数	比例	人数	比例	人数	比例
0次	0	0.00	2	15.38	1	3.13
1～3次	6	46.15	4	30.77	8	25.00
4～6次	1	7.69	0	0.00	1	3.13
7次	6	46.15	7	53.85	22	68.75
合计	13	100.00	13	100.00	32	100.00

对于"去年父母双方都不与孩子在一起的居住的连续时间"这一问题进行统计，这里"连续时间"指父母双方完全不与孩子在一起饮食居住的时间，其中"连续"指一段没有中断的时间，如果多次分开，选择最长的一次持续的分开时间。高人力资本农户绝大多数父母是与孩子一起居住的，完全在一起居住的农户比例达91.25％，除1户不与孩子在一起居住的连续时间达到40小时以上外，其余农户有6.25％不在一起的连续时间在1～10周，

有 1.25％不在一起的连续时间在 11～20 周。低人力资本农户父母与孩子在一起居住的时间也较长，有 78.15％的农户父母与孩子未分离，不与孩子一起居住的连续时间在 1～10 周的比例为 15.13％，11～20 周的比例为 1.68％，且有 3.36％的农户父母与孩子不在一起居住的时间达 40 周以上。父母与孩子分离情况较多的是中等人力资本农户，只有 68.63％的农户父母与子女未分离，不在一起居住的连续时间为 1～10 周的比例为 19.61％，11～20 周的比例为 3.92％，父母双方不与孩子在一起居住的连续时间达 40 周以上的比例为 3.92％，其中一户家庭父母双方都不与孩子在一起居住的连续时间达到了 54 周（表 4-11）。

表 4-11　各类人力资本农户少儿生活照料状况统计（三）

单位：人,％

父母都不与孩子一起居住的连续时间（3～15 岁）	高人力资本农户		中等人力资本农户		低人力资本农户	
	人数	比例	人数	比例	人数	比例
0 周	73	91.25	35	68.63	93	78.15
1～10 周	5	6.25	10	19.61	18	15.13
11～20 周	1	1.25	2	3.92	2	1.68
21～30 周	0	0.00	2	3.92	2	1.68
31～40 周	0	0.00	0	0.00	0	0.00
40 周以上	1	1.25	2	3.92	4	3.36
合计	80	100.00	51	100.00	119	100.00

以上这种情况的出现与上章分析中提到的中等人力资本农户劳动力外出务工较为普遍，且外出时间较长这一情况相对应，有可能这种原因造成中等人力资本农户家庭子女与父母的分离。这种情况的出现，必然造成中等人力资本农户中，相当一部分父母对于孩子的成长缺乏陪伴，有可能导致在子女管教方面的缺位与疏忽。

4.3.1.3 家长关怀

内尔·诺丁斯认为关怀意味着一种关系，关怀最重要的意义在于它的关系性。"它最基本的表现形式是两个人之间的一种连接或接触。即一方付出关心，另一方接受关心，双方都必须满足某些条件，无论是付出关心的一方，还是接受关心的一方，任何一方出了问题，关心关系就会遭到破坏"。对于家庭来说，家长关怀是基于孩子成长需要和目标实现而建立起来的一种家长和子女之间相互信任、相互依赖和共同肩负责任的、理性的、有原则的关怀型关系。本书在研究家长对于子女的家庭关怀问题时，分别从少儿的主要生活照料人、少儿自身（10～15岁）以及调查员第三方观察的角度对于该问题进行剖析，涉及的内容包括主要家长对于子女日常生活的关爱、投入的时间、精力以及父母与子女的沟通方式及效果。

从采访者的角度对于"父母主动与孩子沟通交流"情况进行评价，表示"十分同意"的高人力资本农户比例为4.26%，中等人力资本农户为1.52%，低人力资本农户占3.76%；而表示"同意"的高人力资本农户占56.38%，中等人力资本农户占42.42%，低人力资本农户占50.38%（表4-12）。数据表明，高人力资本农户父母与子女的沟通情况好于低人力资本农户，比较来看，父母与子女沟通最差的为中等人力资本农户。

表4-12 各类人力资本农户家长关怀状况统计（一）

单位：人，%

父母主动与孩子沟通交流情况	高人力资本农户		中等人力资本农户		低人力资本农户	
	人数	比例	人数	比例	人数	比例
十分同意	4	4.26	1	1.52	5	3.76
同意	53	56.38	28	42.42	67	50.38
中立	34	36.17	30	45.45	51	38.35
不同意	3	3.19	5	7.58	9	6.77
十分不同意	0	0.00	2	3.03	1	0.75
合计	94	100.00	66	100.00	133	100.00

父母的关怀主要表现为日常的陪伴与关注，对于学龄前儿童（3～5岁）与学龄少儿（6～15岁），父母的关注视角不尽相同，因此，问卷通过不同的问题，反映不同年龄阶段父母对于子女的关怀与陪伴情况。例如，针对 3～5 岁儿童，对于"家人是否经常带孩子外出游玩"问题进行询问，中等人力资本农户每天带孩子出去游玩的比例最高，为 33.33%，与其他两类人力资本农户存在很大差异，高人力资本农户这一比例为 16.67%，而低人力资本农户这一比例仅 4%；实际没有出去玩的比例，高人力资本农户是最高的，为 50%，而低人力资本农户这一比例为 32%，中等人力资本农户没有这种情况（表 4-13）。

表 4-13 各类人力资本农户家长关怀状况统计（二）

单位：人，%

家人带孩子外出游玩情况（3～5岁）	高人力资本农户		中等人力资本农户		低人力资本农户	
	人数	比例	人数	比例	人数	比例
每天	2	16.67	4	33.33	1	4.00
一周数次	3	25.00	2	16.67	2	8.00
每月两三次	1	8.33	3	25.00	8	32.00
每月一次	0	0.00	1	8.33	1	4.00
一年几次或更少	0	0.00	2	16.67	5	20.00
实际没有	6	50.00	0	0.00	8	32.00
合计	12	100.00	12	100.00	25	100.00

另外，对"主要照料人是否经常读东西给孩子听"这一问题进行询问，中等人力资本农户回答"每天都有"的比例最高，为 33.33%，高人力资本农户与低人力资本农户这一比例较低，为 16% 左右。比较来看，高人力资本农户在这一方面投入精力比中等人力资本农户、低人力资本农户略少。

表 4-14　各类人力资本农户家长关怀状况统计（三）

单位：人，%

主要照料人为孩子阅读情况（3~5岁）	高人力资本农户		中等人力资本农户		低人力资本农户	
	人数	比例	人数	比例	人数	比例
每天	2	16.67	4	33.33	4	16.00
一周数次	1	8.33	4	33.33	7	28.00
每月二三次	4	33.33	1	8.33	7	28.00
每月一次	1	8.33	0	0.00	2	8.00
一年几次或更少	2	16.67	1	8.33	1	4.00
实际没有	2	16.67	2	16.67	4	16.00
合计	12	100.00	12	100.00	25	100.00

在"主要照料人是否经常给孩子买书"这一问题上，整理结果与上题结论基本相同（表 4-15），高人力资本农户在这一方面所做投入，要比中等人力资本农户、低人力资本农户略差，能够做到"一周数次""每月二三次""每月一次"的农户，占41.66%，而这一比例中等人力资本农户为50%，低人力资本农户为48%。但相对来说，未给孩子买书的比例，高人力资本农户反而最低（16.67%），其次为低人力资农户（28%）、中等人力资本农户（33.33%）。

表 4-15　各类人力资本农户家长关怀状况统计（四）

单位：人，%

为孩子购买书籍情况（3~5岁）	高人力资本农户		中等人力资本农户		低人力资本农户	
	人数	比例	人数	比例	人数	比例
一周数次	1	8.33	0	0.00	0	0.00
每月两三次	3	25.00	4	33.33	4	16.00
每月一次	1	8.33	2	16.67	8	32.00
一年几次或更少	5	41.67	2	16.67	6	24.00
实际没有	2	16.67	4	33.33	7	28.00
合计	12	100.00	12	100.00	25	100.00

对于 6～15 岁少儿来说，家长对于子女关怀的方面又有所不同，这一阶段少儿处于学龄阶段，家庭教育对配合学校教育有着重要意义。因此，对于这部分少儿的关怀主要体现在配合学校教育、与孩子的沟通交流方面。

表 4-16　各类人力资本农户家长关怀状况统计（五）

单位：人，%

阻止或终止孩子看电视的频率（6～15 岁）	高人力资本农户		中等人力资本农户		低人力资本农户	
	人数	比例	人数	比例	人数	比例
很经常（每周 6～7 次）	7	12.07	7	21.21	9	11.25
经常（每周 2～3 次）	43	74.14	21	63.64	42	52.50
偶尔（每周 1～2 次）	4	6.90	4	12.12	19	23.75
很少（每月 1 次）	2	3.45	0	0.00	4	5.00
从不	2	3.45	1	3.03	6	7.50
合计	58	100.00	33	100.00	80	100.00

例如，对于"您经常阻止或终止这个孩子看电视吗"这一问题的回答，高人力资本农户与中等人力资本农户家庭对孩子这一方面的限制相对严格，选择"很经常""经常"的高人力资本农户为 86.21%，中等人力资本农户为 84.85%，而低人力资本农户这一比例仅为 63.75%（表 4-16）。进一步询问"您经常限制这个孩子所看电视节目的类型吗"这一问题时，同样表现为高人力资本农户、中等人力资本农户对于子女的限制更为严格，选择"很经常""经常"的高人力资本农户为 53.45%，中等人力资本农户为 54.54%，而低人力资本农户这一比例为 47.5%（表 4-17）。

另外，对 6～15 岁少儿主要照料人询问"本学期/上学期，您经常和这个孩子讨论学校里的事情"这一问题时，高人力资本农户相对来说比中等人力资本农户、低人力资本农户更为关注孩子的学校生活，回答"很经常""经常"的高人力资本农户比例为58.62%，中等人力资本农户这一比例为51.51%，而低人力资本农户这一比例仅为45%。同时，回答"从不"和孩子讨论学校里的事情的中等人力资本农户比例为15.15%，低人力资本农户这一比例为13.75%，而高人力资本农户这一比例仅为5.17%（表4-18）。

表4-17　各类人力资本农户家长关怀状况统计（六）

单位：人，%

主要照料人对孩子所看电视节目类型的限制（6~15岁）	高人力资本农户		中等人力资本农户		低人力资本农户	
	人数	比例	人数	比例	人数	比例
很经常（每周6~7次）	3	5.17	3	9.09	5	6.25
经常（每周2~3次）	28	48.28	15	45.45	33	41.25
偶尔（每周1~2次）	10	17.24	6	18.18	19	23.75
很少（每月1次）	3	5.17	0	0.00	8	10.00
从不	13	22.41	9	27.27	15	18.75
不知道	1	1.72	0	0.00	0	0.00
合计	58	100.00	33	100.00	80	100

表4-18　各类人力资本农户家长关怀状况统计（七）

单位：人，%

和孩子讨论学校事情的频率（6~15岁）	高人力资本农户		中等人力资本农户		低人力资本农户	
	人数	比例	人数	比例	人数	比例
很经常（每周6~7次）	4	6.90	3	9.09	3	3.75
经常（每周2~3次）	30	51.72	14	42.42	25	31.25
偶尔（每周1~2次）	16	27.59	7	21.21	32	40.00
很少（每月1次）	5	8.62	4	12.12	9	11.25
从不	3	5.17	5	15.15	11	13.75
合计	58	100.00	33	100.00	80	100.00

在对 10～15 岁的少儿中询问"你最期望家人在哪个方面对你更关注"时，高人力资本农户选择比例最高的三项分别为"学习"（62.79%）、"情感"（13.95%）和"物质生活"（9.3%）、"社会交往"（9.3%），中等人力资本农户选择的三项分别为"学习"（66.67%）、"社会交往"（14.29%）、"情感"（9.52%），低人力资本农户选择比例最高的三项为"学习"（66.10%）、"社会交往"（11.86%）、"情感"（8.47%）（表 4-19）。

在对 10～15 岁少儿询问"当你不在家时，父母知道你和谁在一起吗"这一问题时，不同人力资本农户子女的回答也存在一定差异，回答"总是知道"和"大部分时候知道"的高人力资本农户子女比例为 79.07%，中等人力资本农户这一比例为 66.67%，而低人力资本农户比例为 52.54%。而选择"从不知道"的高人力资本农户比例为 4.65%，低人力资本农户比例为 11.86%，中等人力资本农户没有父母从不知道孩子与谁在一起的情况（表 4-20）。总体来看，这说明人力资本越高的农户对于子女的日常活动越为关注，对子女的日常生活规律越为了解。

表 4-19　各类人力资本农户家长关怀状况统计（八）

单位：人，%

少儿期望家人关注的方面（10～15岁）	高人力资本农户		中等人力资本农户		低人力资本农户	
	人数	比例	人数	比例	人数	比例
学习	27	62.79	14	66.67	39	66.10
情感	6	13.95	2	9.52	5	8.47
物质生活	4	9.30	1	4.76	4	6.78
社会交往	4	9.30	3	14.29	7	11.86
没有	2	4.65	1	4.76	4	6.78
总计	43	100.00	21	100.00	59	100.00

表 4-20　各类人力资本农户家长关怀状况统计（九）

单位：人，%

父母对外出子女同伴的了解（10~15 岁）	高人力资本农户		中等人力资本农户		低人力资本农户	
	人数	比例	人数	比例	人数	比例
总是知道	15	34.88	5	23.81	20	33.90
大部分时候知道	19	44.19	9	42.86	11	18.64
有时候知道	4	9.30	6	28.57	17	28.81
偶尔知道	3	6.98	1	4.76	4	6.78
从不知道	2	4.65	0	0.00	7	11.86
合计	43	100.00	21	100.00	59	100.00

4.3.1.4　教育关注

对于子女的教育关注方面，在农户家庭子女的受教育基本情况基础上，从访问者、父母两个角度考察不同人力资本家庭对于子女教育的态度、行为以及投入。

（1）子女教育基本情况

CFPS2010 的少儿问卷要求涵盖的少儿年龄从 0~15 岁，由于对于 1 岁以下婴儿未设置教育方面问题，因此对于教育问题的询问主要针对 1~15 岁的少儿，而且对于不同年龄阶段的少儿，询问的问题也不尽相同。在此首先对于各不同年龄段的少儿教育的基本情况进行分析。

从各年龄阶段少儿受教育情况来看，3~5 岁的少儿处于学龄前阶段，对于这部分少儿进行调查时，发现高人力资本农户中有 75% 的少儿正在上幼儿园，比例最高；其次为低人力资本农户，这一比例为 64%；而中等人力资本农户比例最低，只有58.33%（表 4-21）。

表 4-21　各类人力资本农户教育关注状况统计（一）

单位：人，%

少儿是否在上幼儿园（3~5岁）	高人力资本农户		中等人力资本农户		低人力资本农户	
	人数	比例	人数	比例	人数	比例
是	9	75.00	7	58.33	16	64.00
否	3	25.00	5	41.67	9	36.00
合计	12	100.00	12	100.00	25	100.00

而对于 6~15 岁的少儿来说，正处于学校教育阶段，因此，对于"孩子是否曾经上过幼儿园"这一问题进行了询问，同样高人力资本农户这一比例最高，为 70.59%；其次为中等人力资本农户，为 66.67%；低人力资本农户这一比例最低，为 66%（表 4-22）。从以上结果可以看出，人力资本越高的农户对于子女学前的正规教育越为重视。

表 4-22　各类人力资本农户教育关注状况统计（二）

单位：人，%

少儿是否曾经上过幼儿园（6~15岁）	高人力资本农户		中等人力资本农户		低人力资本农户	
	人数	比例	人数	比例	人数	比例
是	48	70.59	28	66.67	66	66.00
否	20	29.41	14	33.33	34	34.00
合计	68	100.00	42	100.00	100	100.00

对于学龄少儿（6~15 岁）来说，各类人力资本农户少儿入学比率也稍有差异，中等人力资本农户少儿入学比率最高，为 97.3%，其次为高人力资本农户，为 96.92%，低人力资本农户入学比率最低，为 95.6%（表 4-23）。总体来看，少儿入学比率较高，高人力资本农户只有 2 名少儿未入学，中等人力资本农户只有 1 名少儿未入学，而低人力资本农户未入学少儿

为 4 名。对于这几户少儿未入学情况进行观察发现，高人力资本农户未入学 2 名少儿年龄均为 6 岁，低人力资本农户 4 名未入学少儿中有 2 名少儿年龄为 6 岁，因此判断，极有可能是年龄原因造成这 4 名少儿尚未入学。除此之外，中等人力资本未入学的 1 名少儿、低人力资本农户的 2 名少儿均为辍学状态。考虑上述情况，对于统计数据进行调整后发现，高人力资本农户子女入学率达到了 100%，而中等人力资本农户子女入学率为 97.3%，低人力资本农户子女入学率为 97.8%。因此，高人力资本农户子女入学率高于低人力资本农户，而中等人力资本农户子女入学率最低。

10~15 岁的少儿自答问卷中，同样询问了入学情况，高等人力资本农户这个年龄段的少儿 100% 正在上学；而中等人力资本农户有 1 名少儿未上学，入学少儿占总人数的 95.24%；低人力资本农户有 3 名少儿未上学，入学少儿占总人数的 94.92%（表 4-24）。针对几名未上学少儿进一步观察发现，现在未上学的 4 人都曾入学，其中 3 人现在未上学的原因是辍学，1 人为不知道；另外，4 人中 1 人辍学后在外工作，另 1 人辍学后在家干活，另外 2 人目前状态选项为"其他"；对于今后的打算，目前状态选择"其他"的 2 人打算未来继续上学，而在外工作、在家干活的 2 人打算以后继续工作。

表 4-23 各类人力资本农户教育关注状况统计（三）

单位：人，%

少儿入学情况 （6~15 岁）	高人力资本农户		中等人力资本农户		低人力资本农户	
	人数	比例	人数	比例	人数	比例
是	63	96.92	36	97.30	87	95.60
否	2	3.08	1	2.70	4	4.40
合计	65	100.00	37	100.00	91	100.00

表 4-24　各类人力资本农户教育关注状况统计（四）

单位：人,%

少儿自述入学情况	高人力资本农户		中等人力资本农户		低人力资本农户	
（10～15 岁）	人数	比例	人数	比例	人数	比例
是	43	100.00	20	95.24	56	94.92
否	0	0.00	1	4.76	3	5.08
合计	43	100.00	21	100.00	59	100.00

除正规教育外，问卷还对少儿参加课外亲子班、辅导班等非正规教育情况进行了询问。对于 1～2 岁幼儿，在最近假期的一个月中，高人力资本农户、中等人力资本农户、低人力资本农户都没有进行非正规教育的经历（表 4-25）。

表 4-25　各类人力资本农户教育关注状况统计（五）

单位：人,%

少儿参加亲子班/辅	高人力资本农户		中等人力资本农户		低人力资本农户	
导班情况（1～2 岁）	人数	比例	人数	比例	人数	比例
是	0	0.00	0	0.00	0	0.00
否	15	100.00	15	100.00	15	100.00
合计	15	100.00	15	100.00	15	100.00

而对 3～5 岁学龄前儿童参加培训课程或活动情况进行询问，总体来说进行非正规教育的情况并不多：中等人力资本农户全部少儿都未有这种非正规教育经历；高人力资本农户未有这种经历的占 91.67%，只有 1 名少儿每月一次参加培训课程或活动；而相对来说，低人力资本农户少儿参与比例稍高，未有这种经历的少儿占 88%，而有 3 名少儿分别一周数次、每月两三次、每月一次参加培训课程或活动（表 4-26）。因此，从学龄前儿童参加非正规教育整体情况来看，无论是哪类人力资本农户，这种非正规教育的参与度都较低，农村居民对于儿童的早期教育与学龄前教育普遍不够重视。

表 4-26　各类人力资本农户教育关注状况统计（六）

单位：人，%

少儿参加培训课程/活动频率（3～5岁）	高人力资本农户		中等人力资本农户		低人力资本农户	
	人数	比例	人数	比例	人数	比例
一周数次	0	0.00	0	0.00	1	4.00
每月两三次	0	0.00	0	0.00	1	4.00
每月一次	1	8.33	0	0.00	1	4.00
实际没有	11	91.67	12	100.00	22	88.00
合计	12	100.00	12	100.00	25	100.00

从少儿问卷整体情况来看，1～15岁少儿参加过或正在参加辅导班/家教的情况（非假期时间），高人力资本农户家庭少儿参与比例较高，为23.91%；其次为低人力资本农户，比例为12.21%；而中等人力资本农户这一比例最低，仅有7.81%（表4-27）。另外，从少儿每周参加亲子班/辅导班的时间进行对比，同样高人力资本农户这一时间最长，平均每周17.55小时；其次为低人力资本农户，平均每周16.56小时；中等人力资本农户少儿每周参加亲子班/辅导班的平均时间最短，为13.6小时（表4-28）。

表 4-27　各类人力资本农户教育关注状况统计（七）

单位：人，%

少儿参加辅导班/家教情况（1～15岁）	高人力资本农户		中等人力资本农户		低人力资本农户	
	人数	比例	人数	比例	人数	比例
是	22	23.91	5	7.81	16	12.21
否	70	76.09	59	92.19	115	87.79
合计	92	100.00	64	100.00	131	100.00

表 4-28　各类人力资本农户教育关注状况统计（八）

单位：人，%

少儿每周参加亲子班/辅导班/家教的时间（1~15 岁）	高人力资本农户	中等人力资本农户	低人力资本农户
平均小时数（小时）	17.55	13.6	16.56

在 10~15 岁少儿的自答问卷中，同样对其在最近非假期的 1 个月，参加或正在参加家教/辅导班情况进行了询问。其中，高人力资本农户少儿参加辅导班的比例最高，为 23.26%；其次为中等人力资本农户，比例为 15%；最低为低人力资本农户，这一比例为 14.29%（表 4-29）。对于参加辅导班的时间进行询问，低人力资本农户少儿时间最长，平均每周为 21.13 小时，达到平均一天 3 小时左右；其次为高人力资本农户，平均每周为 16.4 小时；中等人力资本农户少儿花费时间最少，平均每周 11 小时左右（表 4-30）。

表 4-29　各类人力资本农户教育关注状况统计（九）

单位：人，%

少儿自述参加家教/辅导班情况（10~15 岁）	高人力资本农户		中等人力资本农户		低人力资本农户	
	人数	比例	人数	比例	人数	比例
是	10	23.26	3	15.00	8	14.29
否	33	76.74	17	85.00	48	85.71
合计	43	100.00	20	100.00	56	100.00

表 4-30　各类人力资本农户教育关注状况统计（十）

少儿自述参加辅导班的时间（10~15 岁）	高人力资本农户	中等人力资本农户	低人力资本农户
平均小时数（小时）	16.4	11	21.13

（2）访问者观察

访问者从旁观的角度，对于家庭环境进行观察，针对父母关心孩子的教育情况进行评定，整理后发现，高人力资本家庭"十分同意父母关心孩子教育"比例占到 3.19%，"同意"占到 29.79%；对于低人力资本家庭，"十分同意父母关心孩子的教育"占 3.01%，"同意"的比例占 23.31%；而对于中等人力资本农户的正向反馈更低一些，"同意父母关心孩子教育"占 25.76%。而对于这一问题的反面反馈来看，对于高人力资本农户，访问者认为"不同意""十分不同意"家庭环境表明父母关心孩子教育的比例为 25.53%；中等人力资本农户这一比例为 24.25%；低人力资本农户这一比例达到 38.34%。综合以上结果来看，人力资本越高的家庭，对于孩子的教育情况越为关注（表 4-31）。

表 4-31　各类人力资本农户教育关注状况统计（十一）

单位：人，%

通过家庭环境对父母关心孩子教育的判断	高人力资本农户		中等人力资本农户		低人力资本农户	
	人数	比例	人数	比例	人数	比例
十分同意	3	3.19	0	0.00	4	3.01
同意	28	29.79	17	25.76	31	23.31
中立	39	41.49	33	50.00	47	35.34
不同意	23	24.47	13	19.70	49	36.84
十分不同意	1	1.06	3	4.55	2	1.50
合计	94	100.00	66	100.00	133	100.00

（3）父母行为及期望

教育期望：

从父母对于孩子教育的期望来看，低人力资本农户对于孩子的教育期望最为殷切，希望孩子完成本科及以上学习的达到 87.5%；中等人力资本农户这一比例为 83.78%；高人力资本农户为 82.92%。但也有个别家庭，只希望子女能够完成义务教育，这一比例在高人力资本农户为 2.44％，中等人力资本农户为 2.7％，低人力资本农户为 3.13％（且这一数字为只希望达到小学毕业水平）。从总体来看，无论哪类人力资本的农户，大部分家长对于子女的教育期望还是较高的，希望子女能够念到大学本科阶段的比例占到了绝对比例，基本为 65％左右；而人力资本越低的农户，越希望孩子能够取得本科以上的更高的学历（表 4-32）。

表 4-32　各类人力资本农户教育关注状况统计（十二）

单位：人，%

期望孩子取得的 最高教育程度	高人力资本农户		中等人力资本农户		低人力资本农户	
	人数	比例	人数	比例	人数	比例
博士	6	14.63	6	16.22	13	20.31
硕士	0	0.00	1	2.70	2	3.13
大学本科	28	68.29	24	64.86	41	64.06
大专	3	7.32	2	5.41	3	4.69
高中	3	7.32	1	2.70	3	4.69
初中	1	2.44	1	2.70	0	0.00
小学	0	0.00	0	0.00	2	3.13
不知道	0	0.00	2	5.41	0	0.00
合计	41	100.00	37	100.00	64	100.00

而 10～15 岁少儿自答问卷中，也设置了类似问题——"您自认为至少应该念到哪种教育程度"。从这一问题的回答来看，高人力资本农户少儿期望自己能够完成大学本科及以上学习的比例为 58.14％，且没有一个少儿希望自己只能念到小学毕业；中等人力资本农户少儿希望自己能够完成大学本科及以上学习的为 66.67％，同样，也没有人希望自己只念到小学毕业；低人力资本农户少儿希望自己能够完成大学本科及以上学习的比例为 45.76％，且有 2 人认为达到小学毕业程度就可以（表 4-33）。结合对于家长回答及少儿自答问卷可以看出，尽管目前农村家庭人力资本偏低，但绝大多数家庭的父母还是希望子女能够较好地完成学业，提高教育水平。但相对来说，子女对于自身的

期望未能达到家长期望水平，而且呈现出家长期望与少儿期望相反的趋势，即人力资本越低农户的家长对于子女读书的期望越高，而人力资本越低的农户子女对自身读书的期望越低。

表 4-33　各类人力资本农户教育关注状况统计（十三）

单位：人,%

自我期望应取得的最高教育程度（10～15 岁）	高人力资本农户		中等人力资本农户		低人力资本农户	
	人数	比例	人数	比例	人数	比例
博士	4	9.30	1	4.76	4	6.78
硕士	2	4.65	4	19.05	0	0.00
大学本科	19	44.19	9	42.86	23	38.98
大专	3	6.98	1	4.76	7	11.86
高中	12	27.91	3	14.29	15	25.42
初中	3	6.98	1	4.76	8	13.56
小学	0	0.00	0	0.00	2	3.39
不知道	0	0.00	2	9.52	0	0.00
合计	43	100.00	21	100.00	59	100.00

另外，对于"您是否想过把孩子送到国外去念书"这一问题的回答，绝大部分家庭还未有这样的计划。从不同人力资本农户情况来看，中等人力资本农户有这一计划的比例较高，为 29.73%，高人力资本农户为 24.39%，低人力资本农户这一比例最低，为 23.44%（表 4-34）。

表 4-34　各类人力资本农户教育关注状况统计（十四）

单位：人,%

对于孩子国外留学的计划	高人力资本农户		中等人力资本农户		低人力资本农户	
	人数	比例	人数	比例	人数	比例
想过	10	24.39	11	29.73	15	23.44
没有想过	31	75.61	26	70.27	49	76.56
合计	41	100.00	37	100.00	64	100.00

教育投入：

从农户家庭对于子女的教育投入来看，有 25.53% 的高人力资本农户已经为孩子的教育进行了储蓄，低人力资本农户有 23.31% 已为孩子教育进行了储蓄，而中等人力资本这一比例最低，只有 18.18%（表 4-35）。另外，对上一年度农户家庭对于教育的支出统计中可以看出，家庭总体教育平均支出高人力资本农户高于低人力资本农户，中等人力资本农户的教育支出是三类之中最低的。而对于家庭之中少儿的教育平均支出来看，高人力资本农户与低人力资本农户基本相同，而中等人力资本农户的少儿教育支出与这两类农户相比略少（表 4-36）。从这里可以看出，高人力资本农户更为重视子女的教育投入，而相对来说，中等人力资本农户对于子女的教育投入意愿更低。

表 4-35　各类人力资本农户教育关注状况统计（十五）

单位：人，%

家庭的教育储蓄行为	高人力资本农户		中等人力资本农户		低人力资本农户	
	人数	比例	人数	比例	人数	比例
有	24	25.53	12	18.18	31	23.31
无	70	74.47	54	81.82	102	76.69
合计	94	100.00	66	100.00	133	100.00

表 4-36　各类人力资本农户教育关注状况统计（十六）

过去一年教育支出统计	高人力资本农户	中等人力资本农户	低人力资本农户
家庭总体教育平均支出（元）	3768.89	2397.40	2751.55
家庭少儿教育平均支出（元）	1135.72	1025.55	1137.66

教育态度及行为：

从家长对子女教育的态度来看，在对 6～15 岁少儿家长询问"您经常要求这个孩子完成家庭作业吗"问题时，总体来看，高人力资本农户对子女要求较为严格，家长选择"很经常""经常"进行要求的比例达到 94.83%；中等人力资本农户这一比例为 93.34%；而低人力资本农户为 90%（表 4-37）。

在进一步询问"您经常检查这个孩子的家庭作业吗"问题时，总体来看，中等人力资本农户对于子女要求严格的比例较高，选择"很经常""经常"的比例为 57.57%；高人力资本农户这一比例为 56.9%；而低人力资本农户这一比例为 47.5%。同时也发现，尽管中等人力资本农户家长对于子女要求严格的比例较高，但从未有过检查孩子家庭作业的比例同样较高，为 18.18%，而这一比例低人力资本农户、高人力资本农户分别为 17.5%、6.9%（表 4-38）。

表 4-37　各类人力资本农户教育关注状况统计（十七）

单位：人，%

要求孩子完成家庭作业的频率（6~15 岁）	高人力资本农户		中等人力资本农户		低人力资本农户	
	人数	比例	人数	比例	人数	比例
很经常（每周 6~7 次）	14	24.14	11	33.33	18	22.50
经常（每周 2~3 次）	41	70.69	20	60.61	54	67.50
偶尔（每周 1~2 次）	3	5.17	1	3.03	4	5.00
从不	0	0.00	1	3.03	4	5.00
合计	58	100.00	33	100.00	80	100.00

表 4-38　各类人力资本农户教育关注状况统计（十八）

单位：人，%

检查孩子家庭作业的频率（6~15 岁）	高人力资本农户		中等人力资本农户		低人力资本农户	
	人数	比例	人数	比例	人数	比例
很经常（每周 6~7 次）	7	12.07	4	12.12	9	11.25
经常（每周 2~3 次）	26	44.83	15	45.45	29	36.25
偶尔（每周 1~2 次）	14	24.14	5	15.15	20	25.00
很少（每月 1 次）	7	12.07	3	9.09	8	10.00
从不	4	6.90	6	18.18	14	17.50
合计	58	100.00	33	100.00	80	100.00

对于 6～15 岁阶段少儿询问"家中有几人辅导孩子作业"问题，高人力资本农户有人辅导的比例为 56.90%；低人力资本农户这一比例为 51.25%；而中等人力资本农户这一比例最低，为 48.48%（表 4-39）。进一步询问每周家庭成员辅导子女做作业时间时，高人力资本农户平均每周辅导作业时间为 5.84 小时，时间最长；其次为中等人力资本农户，时长为 5.29 小时；低人力资本农户时间最短，为 5.14 小时（表 4-40）。从这两个问题可以看出，高人力资本农户对于子女学习更为重视，投入的精力更多，而低人力资本农户，尤其是中等人力资本农户重视程度较低。

表 4-39　各类人力资本农户教育关注状况统计（十九）

单位：人，%

家中辅导孩子作业人数（6～15 岁）	高人力资本农户		中等人力资本农户		低人力资本农户	
	人数	比例	人数	比例	人数	比例
0 人	25	43.10	17	51.52	39	48.75
1 人	30	51.72	15	45.45	35	43.75
2 人	2	3.45	1	3.03	6	7.50
3 人	1	1.72	0	0.00	0	0.00
合计	58	100.00	33	100.00	80	100.00

表 4-40　各类人力资本农户教育关注状况统计（二十）

每周辅导子女做作业时间（6～15 岁）	高人力资本农户	中等人力资本农户	低人力资本农户
平均小时数（小时）	5.84	5.29	5.14

在问到"当孩子在学习时，您会经常放弃看您自己喜欢的电视节目吗"这一问题时，回答"很经常""经常"的高人力资本农户比例为 72.14%，中等人力资本农户为 72.73%，低人力资本农户比例为 71.25%，整体相差不大。但回答"从不放弃看自己喜欢的电视节目"这一答案的比例相差较大，高人力资本农户给出这

一答案的比例为 6.9％，低人力资本农户仅为 6.25％，而中等人力资本农户选择这一答案的比例为 18.18％（表 4-41）。因此，整体来看，高人力资本农户对于孩子的学习更能够主动配合，放弃自己的休闲活动，而低人力资本农户，尤其是中等人力资本农户在这方面的意识较差，未能给子女的学习提供良好环境。

表 4-41　各类人力资本农户教育关注状况统计（二十一）

单位：人,％

孩子学习时主动放弃自己喜欢的电视节目（6~15 岁）	高人力资本农户		中等人力资本农户		低人力资本农户	
	人数	比例	人数	比例	人数	比例
很经常（每周 6~7 次）	15	25.86	7	21.21	14	17.50
经常（每周 2~3 次）	27	46.55	17	51.52	43	53.75
偶尔（每周 1~2 次）	10	17.24	3	9.09	12	15.00
很少（每月 1 次）	2	3.45	0	0.00	6	7.50
从不	4	6.90	6	18.18	5	6.25
合计	58	100.00	33	100.00	80	100.00

表 4-42　各类人力资本农户教育关注状况统计（二十二）

单位：人,％

孩子成绩比预期低的处理方式	高人力资本农户		中等人力资本农户		低人力资本农户	
	人数	比例	人数	比例	人数	比例
更多地帮助这个孩子	6	10.34	4	12.12	10	12.50
告诉孩子要更加努力学习	46	79.31	24	72.73	49	61.25
联系他/她的老师	3	5.17	2	6.06	9	11.25
限制孩子的活动	0	0.00	2	6.06	3	3.75
责骂这个孩子	3	5.17	0	0.00	5	6.25
体罚这个孩子	0	0.00	1	3.03	3	3.75
不知道	0	0.00	0	0.00	1	1.25
合计	58	100.00	33	100.00	80	100.00

对于 6~15 岁的少儿家长询问"如果这个孩子的成绩比预期低，您最常用的处理方式是哪个"问题时，可以选择的七个答案包括"更多地帮助这个孩子""告诉孩子要更加努力学习""联系他/她的老师""限制孩子的活动""责骂这个孩子""体罚这个孩子""不知道"。

根据所提供的答案反映的家长态度将这七个答案分为两大类，即"积极应对型"（包括前三个选择项）、"消极处理型"（包括除"不知道"之外的三个选择项）。按照这一分类对于回答的结果进行整理发现，高人力资本农户选择"积极应对型"处理方法的占 94.83%，中等人力资本农户选择这一方法的占 90.91%，而低人力资本农户这一比例为 85%；而选择"消极处理型"处理方法的高人力资本农户占 5.17%，中等人力资本农户占 9.09%，低人力资本农户占 14%（表 4-42）。从这一分析结果可以看出，面对孩子不理想的学习状态，人力资本越高的农户处理方式越为理性，主要选择积极的应对方式，或对孩子提供实际帮助、或主动与老师联系寻求解决办法、或对孩子进行鼓励；但人力资本低的农户，采取消极处理方式的比例较高，有相当比例采用或精神或肉体的惩罚方式解决问题。

综上所述，从子女抚育的四个方面来看，首先，在少儿健康上，表现出高人力资本水平农户对于子女的健康更为关注的状态，其次为低人力资本农户，较差的是中等人力资本农户；而对于少儿的健康评分也表现出同样的趋势。

其次，从日常照料来看，人力资本越高的农户对于少儿的照料越为尽心，父母更多地表现为亲力亲为的态度，比较来看，高人力资本农户对于少儿的日常照料最为重视，其次为中等人力资本农户，最差为低人力资本农户。尽管如此，由于中等人力资本农户外出务工较为普遍的原因，造成中等人力资本农户与子女分离的状况较为普遍。

再次，从家长关怀方面来看，总体上，高人力资本农户与少儿的沟通状况最好，其次为低人力资本农户，最差为中等人力资本农户。另外，对于学龄前少儿来说，中等人力资本农户对其关注更多，而高人力资本农户和低人力资本农户稍差；但对于学龄少儿来说，高人力资本农户更多地表现出配合学校教育、能够更好与少儿交流与沟通的态度与行为。

最后，从教育关注来看，不同人力资本农户对于子女教育有着不同的态度，也有着不同的行为特征。从少儿目前受教育情况来看，大部分农村家庭对于正规教育较为重视，而且人力资本越低的农户对于子女的教育期望越高。同时，农村学龄前儿童的非正规教育还未能展开，农村少儿接受这方面教育的比例相当低。另外，农村学龄少儿入学比例较高，仅有个别少儿出现辍学现象，而且这种现象在人力资本较低的农户中出现的比例更高一些。从不同人力资本农户家庭父母对于子女的教育投入、教育态度来看，高人力资本农户家庭整体对于子女更为重视，不仅家庭对于教育的投入更高，而且家长对于子女的教育更为积极、表现出主动配合的态度，而中等、低人力资本农户这方面的表现稍差，不仅家庭教育投入较低，而且从家长态度、行为来看，未能对子女的教育给予足够重视，对于子女的教育基本采取较为放任的态度。

4.3.2 老人赡养

社会一般养老模式分成两种，一种是居家养老，另一种为社会养老。所谓居家养老就是家庭成员或者亲属，譬如子女、配偶和其他亲属忠实地履行对老年人的经济供养、生活照料和精神慰藉的职责。家庭作为社会的基本结构，可以使大多数老年人在经济供养、生活照料、精神慰藉等方面获得可靠地供给。社会养老是国家经济社会发展到一定程度，依据相关法规给予年老、疾病或丧失劳动能力的公民一定的物质帮助，以保障其获得基本生活资料的制度。例如，近年来我国在农村实施的养老保险和新型农村合作医疗全覆盖，五保户供养等政策，都是从社会养老角度对农村老年人生活给予力所能及的救助。

从我国农村目前情况来看，居家养老是现阶段我国农村养老的主要方式，社会养老是现阶段我国农村养老的补充模式，二者相互并存，构成我国农村现有的养老体系，并且在未来相当长的一段时间内，我国农村居民养老模式依然是在社会养老政策不断丰富、完善的基础上，以居家养老作为农村居民养老的主要方式。根据研究目的，本书主要是从家庭功能的角度，关注农村家庭的老人赡养行为，分析农村家庭的老人赡养观念。

赡养行为是指子女给予老人一定的支持，使得老年人获得包括经济支持、生活照料、精神慰藉等需求上的满足的行为。子女的赡养行为得以实现，必须同时具备两方面的条件：一是老年人具有来自各层面的养老需求；二是作为供给方的子女有提供养老资源的条件和意愿，而这取决文化，子女的经济能力和提供养老资源的意愿。因此，本书主要从经济支持、生活照料、精神慰藉三个方面对于老人赡养情况进行研究，这三者都对老人的生活质量有着重要影响。

4.3.2.1　老人样本特征

由于 CFPS2010 并未单独设计老人问卷，因此，按照劳动力年龄的划分标准，将成人问卷中 60 岁及以上的成人定义为本书所研究的老人，按照这一标准，对于 1251 份成人问卷进行进一步筛选，最终获得有效老人样本共 167 份，其样本特征如表 4-43 所示。

经过整理，167 份老人样本中，共有女性 94 人、男性 73 人，男女性别比为 0.78：1。按照年龄分组来看，60～70 岁老人所占比例最大，为 61%，其次为 70～80 岁老人，所占比例为 31%，80～90 岁老人占比 7.78%，90 岁以上老人占比 0.6%，这其中，年龄最大的老人 91 岁，年龄最小的老人 60 岁。从婚姻状况来看，在婚、丧偶老人占绝大多数，其中在婚老人占 73%，丧偶老人占 25%，其余 1.8% 为未婚、离婚老人；另外，受访老人总体受教育程度不高，文盲/半文盲的老人占总数的 54%，小学毕业的老人占 34%，初中毕业的老人占 9%，高中毕业的老人只有 6 人，占总样本数的 4%。

4.3.2.2 经济支持

家庭对于老人的经济支持是体现老人赡养状况的最基本方面，子女对于老人的经济支持，直接影响老人的生活质量。对于老人经济支持的考察，主要根据家庭问卷中"上月赡养支出"指标进行整理，这里"赡养支出"指仅用于赡养老人才发生的支出，包括单独支付的生活费、福利院/养老院费用等。

表 4-43 样本农户老人基本信息

单位：人，%

基本信息		指标数值	比例
性别	男	73	43.71
	女	94	56.29
年龄	60~70 岁	102	61.08
	70~80 岁	51	30.54
	80~90 岁	13	7.78
	90 岁以上	1	0.60
婚姻状况	未婚	1	0.60
	在婚	122	73.05
	离婚	2	1.20
	丧偶	42	25.15
受教育程度	文盲/半文盲	90	53.89
	小学	56	33.53
	初中	15	8.98
	高中	6	3.59

通过对于农户月赡养费用的支出整理发现，中等人力资本农户家庭月赡养费用支出相对来说最高，其次为高人力资本家庭，赡养费用最低的是低人力资本家庭。其中，中等人力资本家庭月赡养费平均支出为 43 元，高人力资本家庭的月赡养费用平均支出为 39 元，低人力资本家庭的月赡养费用平均支出为 24 元（表 4-44）。

表 4-44　各类人力资本农户对于老人经济支持统计（一）

农户月赡养支出	最小值（元）	最大值（元）	平均支出（元）	占总支出比重（%）	标准差
高人力资本农户	0	1000	38.99	1.24	122.06
中等人力资本农户	0	800	43.47	1.65	113.75
低人力资本农户	0	600	24.45	1.05	79.06

中等人力资本农户平均赡养费支出占家庭总支出的比重为 1.65%，其中，无赡养费用支出的家庭占 76.61%，支出 1～50 元的家庭占 4.03%，50～100 元的家庭占 8.87%，100～300 元的家庭占 7.25%，300～500 元的家庭占 2.42%，500 元以上的家庭占 0.81%（表 4-45）；而高人力资本农户平均赡养费支出占家庭总支出的比重为 1.24%，其中，无赡养费用支出的家庭占 85.14%，支出 50～100 元的家庭占 4.73%，100～300 元的家庭占 7.43%，300～500 元的家庭占 2.03%，500 元以上的家庭占 0.68%；低人力资本农户平均赡养费支出占家庭总支出的比重为 1.05%，其中，无赡养费用支出的家庭占 87.08%，支出 1～50 元的家庭占 1.44%，支出 50～100 元的家庭占 5.26%，100～300 元的家庭占 4.78%，300～500 元的家庭占 0.96%，500 元以上的家庭占 0.48%。

表 4-45 各类人力资本农户对于老人经济支持统计（二）

单位：人，%

农户月赡养支出分组	高人力资本农户		中等人力资本农户		低人力资本农户	
	人数	比例	人数	比例	人数	比例
0 元	126	85.14	95	76.61	182	87.08
1～50 元	0	0.00	5	4.03	3	1.44
51～100 元	7	4.73	11	8.87	11	5.26
101～300 元	11	7.43	9	7.26	10	4.78
301～500 元	3	2.03	3	2.42	2	0.96
500 元以上	1	0.68	1	0.81	1	0.48
合计	148	100.00	124	100.00	209	100.00

不同农户家庭这种赡养费用的差异，一方面是由于不同人力资本农户经济水平存在一定差异，从上文分析中可以看出，人力资本越高的农户，其家庭收入也就越高，也就能够较为轻松地对老人进行经济支持，这也就能够解释为何高人力资本家庭、中等人力资本家庭的赡养费用更高；另一方面，前文分析中也提到，由于中等人力资本农户几乎每家都有劳动力外出务工经历，外出务工时间有长有短，这种主要劳动力的外出行为使得家中的老人必须承担更多的家庭职责，这种对于老人的经济支持也可以看做是对于老人的一种补偿，这也有可能是中等人力资本农户的赡养费用支出反而高于高人力资本农户的原因。

在询问"过去六个月，子女是否为老人提供经济帮助"时，有35%的高人力资本农户子女为老人提供了经济帮助，中等人力资本农户、低人力资本农户这一比例分别为29%，30%（表4-46）。在回答"如果您需要借数额不小的现金时，最先找谁借钱"时，高人力资本农户主要向子女寻求帮助，有30%的受访者向儿子借款，19%的受访者向女儿借款，且有27%的受访者无人能借；对于中等人力资本农户来说，也是主要向子女寻求帮助，且向儿子、女儿去借的比例相同，都为23%，但还有

32％的受访者无人能借；低人力资本农户主要借款来源同样为子女，有34％的受访者向儿子借款，8％的受访者向女儿借款，性别差异较大。从总体来看，高人力资本、中等人力资本、低人力资本农户向子女寻求经济帮助的比例分别为51％、52％、45％。出现这一结果的原因，也应与各农户经济收入不同存在一定关系，人力资本高的农户，其子女收入水平较高，因此，有能力在老人经济出现困难时给予一定的协助。

表 4-46　各类人力资本农户对于老人经济支持统计（三）

单位：人，％

子女是否为老人提供经济帮助	高人力资本农户		中等人力资本农户		低人力资本农户	
	人数	比例	人数	比例	人数	比例
是	13	35.14	9	29.03	30	30.30
否	24	64.86	21	67.74	69	69.70
不知道	0	0.00	1	3.23	0	0.00
合计	37	100.00	31	100.00	99	100.00

表 4-47　各类人力资本农户对于老人经济支持统计（四）

单位：人，％

最先向谁寻求资金帮助	高人力资本农户		中等人力资本农户		低人力资本农户	
	人数	比例	人数	比例	人数	比例
儿子	11	29.73	7	22.58	34	34.34
媳妇	0	0.00	2	6.45	3	3.03
女儿	7	18.92	7	22.58	8	8.08
女婿	1	2.70	0	0.00	0	0.00
父母	0	0.00	0	0.00	1	1.01
配偶	2	5.41	0	0.00	1	1.01
其他亲属	5	13.51	5	16.13	24	24.24
邻居	0	0.00	0	0.00	4	4.04
朋友/同学	1	2.70	0	0.00	2	2.02
社会工作者	0	0.00	0	0.00	1	1.01

（续）

最先向谁寻求	高人力资本农户		中等人力资本农户		低人力资本农户	
资金帮助	人数	比例	人数	比例	人数	比例
无人	10	27.03	10	32.26	20	20.20
拒绝回答	0	0.00	0	0.00	1	1.01
总计	37	100.00	31	100.00	99	100.00

4.3.2.3 生活照料

子女对于受访老人的生活照料方面，不同人力资本农户对于老人的生活关照也存在着一定差异。这表现为：高人力资本农户有 24.32％的子女为老人料理家务；其次为低人力资本农户，有 19.19％的子女为老人料理家务；这一指标最低的是中等人力资本农户，为 16.13％（表 4-48）。另外，在子女对于老人的照看方面，中等人力资本农户子女照看老人的比例最高，为 45.16％，其次为高人力资本农户，比例为 40.54％，照看比例最低的为低人力资本农户，比例为 39.39％（表 4-49）。其中第二个问题中的"照看"是指子女照顾老人的日常饮食起居。这两个问题都属于对于老人的生活照料范畴，因此，将两组答案进行合并处理，按照为老人提供生活照料的次数情况进行统计，统计结果发现越高人力资本的农户，对于老人的生活照料提供的帮助越多（表 4-50）。

表 4-48 各类人力资本农户对于老人生活照料统计（一）

单位：人，％

子女为老人料理	高人力资本农户		中等人力资本农户		低人力资本农户	
家务情况	人数	比例	人数	比例	人数	比例
有	9	24.32	5	16.13	19	19.19
无	28	75.68	26	83.87	80	80.81
总计	37	100.00	31	100.00	99	100.00

表 4-49　各类人力资本农户对于老人生活照料统计（二）

单位：人，%

子女对老人照看情况	高人力资本农户		中等人力资本农户		低人力资本农户	
	人数	比例	人数	比例	人数	比例
有	15	40.54	14	45.16	39	39.39
无	22	59.46	17	54.84	60	60.61
总计	37	100.00	31	100.00	99	100.00

表 4-50　各类人力资本农户对于老人生活照料统计（三）

单位：人，%

子女为老人提供照料情况	高人力资本农户		中等人力资本农户		低人力资本农户	
	人数	比例	人数	比例	人数	比例
有	24	32.43	19	30.65	58	29.29
无	50	67.57	43	69.35	140	70.71
总计	74	100.00	62	100.00	198	100.00

　　对受访老人询问"遇到生活中的小麻烦，最先找谁解决"时，各类人力资本农户最先想到的求助者都是子女，其中，67.31%的高人力资本农户老人会选择寻求子女的帮助，35.48%的中等人力资本农户老人会找子女帮助，而低人力资本农户这一比例为42.42%。另外，相比较来看，人力资本越低的农户，越乐于向儿子而不是女儿寻求帮助（表 4-51）。

　　在受访老人生病需要照料时，大部分人也是选择子女对自己进行护理。其中，高人力资本农户这一比例为72.97%，中等人力资本农户这一比例为61.29%，低人力资本农户相对比例最低，为60.6%（表 4-52）。

表 4-51 各类人力资本农户对于老人生活照料统计（四）

单位：人，%

最先找谁解决生活中的小麻烦	高人力资本农户		中等人力资本农户		低人力资本农户	
	人数	比例	人数	比例	人数	比例
儿子	13	35.14	7	22.58	36	36.36
媳妇	2	5.41	0	0.00	3	3.03
女儿	10	27.03	4	12.90	3	3.03
配偶	5	13.51	9	29.03	23	23.23
（外）孙子女	0	0.00	0	0.00	1	1.01
其他亲属	0	0.00	1	3.23	1	1.01
邻居	1	2.70	2	6.45	5	5.05
朋友/同学	0	0.00	0	0.00	2	2.02
社会工作者	0	0.00	0	0.00	1	1.01
无人	6	16.22	8	25.81	24	24.24
总计	37	100.00	31	100.00	99	100.00

表 4-52 各类人力资本农户对于老人生活照料统计（五）

单位：人，%

生病时，最先找谁照料	高人力资本农户		中等人力资本农户		低人力资本农户	
	人数	比例	人数	比例	人数	比例
儿子	19	51.35	9	29.03	40	40.40
媳妇	4	10.81	5	16.13	13	13.13
女儿	4	10.81	5	16.13	7	7.07
配偶	9	24.32	8	25.81	29	29.29
（外）孙子女	0	0.00	1	3.23	2	2.02
父母	0	0.00	0	0.00	1	1.01
其他亲属	0	0.00	1	3.23	2	2.02
社会工作者	0	0.00	0	0.00	1	1.01
无人	1	2.70	2	6.45	4	4.04
总计	37	100.00	31	100.00	99	100.00

4.3.2.4 精神慰藉

在老人的日常交流方面，有 10.82% 的高人力资本农户老人表示平时与子女聊天最多，而中等人力资本农户这一比例为

25.8%，低人力资本农户平时与子女聊天最多的比例为13.13%（表4-53），从这一情况可以看出，不论是高人力资本农户还是中等、低人力资本农户，平时与子女交流、沟通的比例都不是很高，老人日常的交流更多是与配偶、甚至邻居进行。特别是高人力资本农户，有可能子女工作较为繁忙，且从事非农产业较多，缺乏与父母的交流。

表4-53 各类人力资本农户对于老人精神慰藉统计（一）

单位：人，%

平时与谁聊天最多	高人力资本农户		中等人力资本农户		低人力资本农户	
	人数	比例	人数	比例	人数	比例
儿子	2	5.41	2	6.45	11	11.11
媳妇	0	0.00	2	6.45	1	1.01
女儿	2	5.41	4	12.90	1	1.01
配偶	11	29.73	7	22.58	22	22.22
父母	0	0.00	0	0.00	1	1.01
（外）孙子女	2	5.41	2	6.45	7	7.07
其他亲属	1	2.70	1	3.23	5	5.05
邻居	14	37.84	5	16.13	29	29.29
同事	1	2.70	0	0.00	1	1.01
朋友/同学	1	2.70	1	3.23	3	3.03
上帝/真主/佛祖/神明	0	0.00	1	3.23	0	0.00
社会工作者	0	0.00	0	0.00	1	1.01
无人	3	8.11	6	19.35	17	17.17
总计	37	100.00	31	100.00	99	100.00

在回答"如果您有心事或想法，最先向谁说"这一问题时，受访老人选择最先与配偶沟通的比例最高，其次才是子女。其中，高人力资本农户老人有29.73%选择最先与子女诉说，35.48%的中等人力资本农户老人选择最先向子女诉说，低人力

资本农户这一比例最低，只有 26.26％（表 4-54）。在对子女的选择上，较高人力资本农户倾向于向女儿倾吐心事，而低人力资本农户更乐于向儿子诉说心事，其中的差异非常明显。

表 4-54　各类人力资本农户对于老人精神慰藉统计（二）

单位：人，％

最先向谁诉说心事	高人力资本农户		中等人力资本农户		低人力资本农户	
	人数	比例	人数	比例	人数	比例
儿子	4	10.81	3	9.68	16	16.16
媳妇	2	5.41	2	6.45	5	5.05
女儿	5	13.51	6	19.35	5	5.05
配偶	12	32.43	13	41.94	40	40.40
父母	0	0.00	0	0.00	1	1.01
（外）孙子女	0	0.00	0	0.00	2	2.02
其他亲属	1	2.70	0	0.00	3	3.03
邻居	3	8.11	0	9.68	8	8.08
朋友/同学	0	0.00	0	0.00	1	1.01
上帝/真主/佛祖/神明	0	0.00	1	3.23	0	0.00
无人	10	27.03	3	9.68	18	18.18
总计	37	100.00	31	100.00	99	100.00

对受访老人询问"是否有无话不说的人"时，高人力资本农户中有 27.03％的受访老人给予了肯定回答，中等人力资本农户的受访老人有无话不说的人的比例为 29.03％，而低人力资本农户肯定回答的比例最低，只有 18.18％（表 4-55）。在对这一问题继续追问"可以无话不说的人是谁"时，高人力资本农户与子女无话不说的比例最高，为 13.51％，而且更倾向于向女儿诉说（比例为 10.81％）；中等人力资本农户与子女无话不说的比例为 3.23％；而低人力资本农户这一比例最低，只有 3.03％（表 4-56）。

表 4-55　各类人力资本农户对于老人精神慰藉统计（三）

单位：人，%

是否有 无话不说的人	高人力资本农户		中等人力资本农户		低人力资本农户	
	人数	比例	人数	比例	人数	比例
是	10	27.03	9	29.03	18	18.18
否	27	72.97	22	70.97	81	81.82
总计	37	100.00	31	100.00	99	100.00

表 4-56　各类人力资本农户对于老人精神慰藉统计（四）

单位：人，%

可以无话不说的人 是谁	高人力资本农户		中等人力资本农户		低人力资本农户	
	人数	比例	人数	比例	人数	比例
儿子	1	2.70	0	0.00	0	0.00
媳妇	0	0.00	1	3.23	2	2.02
女儿	4	10.81	0	0.00	1	1.01
配偶	3	8.11	5	16.13	7	7.07
父母	0	0.00	0	0.00	1	1.01
其他亲属	1	2.70	2	6.45	2	2.02
邻居	0	0.00	0	0.00	1	1.01
朋友/同学	1	2.70	0	0.00	1	1.01
上帝/真主/佛祖/神明	0	0.00	1	3.23	1	1.01
同事	0	0.00	0	0.00	1	1.01
无人	0	0.00	0	0.00	1	1.01
不适用	27	72.97	22	70.97	81	81.82
总计	37	100.00	31	100.00	99	100.00

　　综上所述，在对老人的经济支持方面，中等人力资本农户对老人的资助要高于高人力资本农户，经济支持能力最差的为低人力资本农户。从子女对老人的生活照料来看，高人力资本

农户子女整体对老人的照料更为全面，中等人力资本农户、低人力资本农户子女在这方面投入的精力稍显不足。最后，精神交流方面，子女对老人的精神关怀还存在着很多不足，老人在回答精神交流方面的问题时，相当一部分老人认为无人聊天、没有人诉说心事、没有可以无话不说的人；另外，在日常的交流上，受访老人与配偶、邻居的交流要多于同子女的交流。从不同人力资本农户家庭角度来进行考察，相对来说，中等人力资本农户子女与老人的交流更为频繁，其次为高等人力资本农户，低人力资本农户最差。但从交流的密切程度来看，高人力资本农户子女要好于中等人力资本农户子女，低人力资本农户子女与父母的关系最为冷淡。另外，还有一个较为明显的特征表现为，越低人力资本农户，其父母无论在经济上、精神上都越为依赖儿子而不是女儿。

4.3.3 家庭关系

家庭关系也称为家庭人际关系，是指家庭成员之间所固有的特定关系。表现为不同家庭成员之间的不同联系方式和互助方式，是联结家庭成员之间的纽带。它的特点是以婚姻和血缘为主体，并由有婚姻和血缘关系的人生活在一起构成，表现为组成家庭的各成员之间特殊的相互行为。家庭关系以代际关系为层次，以家庭同代人的多少为幅度，构成家庭中几代人或同代人之间的传递和交往。家庭关系可以简单概括为两种类型，其一为纵向关系，包括代与代之间的各种联系，如父母与子女之间、婆媳与翁婿之间以及祖孙之间的关系，其二为横向关系，包括同辈之间的各种联系，如夫妻关系、兄弟姊妹关系等。

在家庭关系中，最重要的关系包括两方面：其一为夫妻关系，它是家庭关系中最核心的关系。现代家庭关系模式中，夫妻关系是整个家庭关系网络的核心。婚姻是家庭的基础，夫妻关系的质量和稳定状况是考察家庭关系问题的重点，夫妻关系也是协调处理其他家庭关系的基础。夫妻关系的状态如何，彼此的亲和程度如何，直接关系到家庭的幸福或痛苦，稳固或破裂，对家庭的稳定和社会的安宁，有着重要的影响。其二为亲子关系，即父母与子女之间的关系，它是直系血亲关系在家庭人际之间的具体表现，是由夫妻关系而产生的一种最基本、最重要的家庭关系。如果家庭成员之间的情感反应失调，彼此之间关系冷漠、信任缺失或缺少良性互动，就会使家庭亲密度与适应性降低，家庭成员的消极情感体验过多，表现为温暖感、安全感缺乏，最终为家庭生活埋下隐患。反之，如果家庭内部经常进行积极有效的交流和沟通，建立积极健康的情感反应模式，就会使家庭亲密度增加，家庭适应性提高。从家庭关系的角度来说，不仅仅是具有冲突、敌对的特征，家庭关系中的冷漠、不支持甚至忽视，都会造成不健康的家庭关系。因此，家庭成员之间只有呈现彼此容忍、互助、合作的氛围，才能产生成员关系良好的家庭，家庭成员之间彼此尊重、相互关心，成员的幸福感越强，家庭福利越高。

4.3.3.1 家庭整体氛围与关系

本节主要根据 CFPS2010 中的 481 份家庭问卷、1251 份 16 岁以上成人问卷以及 123 份 10～15 岁少儿自答问卷中涉及家庭关系的问题进行整理与分析，对于不同人力资本农户家庭关系状况进行比较与分析。由于在上文进行老人赡养问题分析时，部分问题也涉及老人与子女、其他家庭成员之间的关系，因此，在这里未将老人与其他家庭成员的关系单独进行分析。

在家庭问卷中，访员对于每一家的氛围及家庭成员之间的关系进行独立观察并给出得分（表 4-57），这里包括对于家庭成员精神面貌的打分，最低分为 1 分，最高分为 7 分，分别代表从萎靡到很精神；家庭成员之间的关系，最低分为 1 分，最高分为 7 分，分别代表从陌生到很亲密；长幼间的关系、性别之间的关系，最低分为 1 分，最高分为 7 分，分别代表从权威到平等。对于不同人力资本农户打分结果进行整理可以看出，在家庭成员的精神面貌上，高人力资本农户分值最高，其次为中等人力资本农户、低人力资本农户，也就是高人力资本农户精神面貌要好于中等人力资本农户和低人力资本农户。对于家庭成员之间关系的统计也出现类似结果，同样为人力资本越高的农户，家庭成员之间的关系就越亲密。但在长幼、性别之间的关系上，高人力资本农户成员之间的关系更为平等，低人力资本农户次之，关系最不亲密的反而是中等人力资本农户。综合以上分析结果，高人力资本农户整体家庭成员精神面貌及相互关系更为向上、亲密及平等，其次为低人力资本农户，关系较差的为中等人力资本农户。

表 4-57　各类人力资本农户整体氛围与关系（一）

访员对于家庭关系的观察	高人力资本农户	中等人力资本农户	低人力资本农户
家庭成员精神面貌	5.47	5.08	5.04
家庭成员间的关系	5.47	5.25	5.16
长幼间的关系	5.50	5.00	5.20
性别间的关系	5.50	5.19	5.22
平均	5.49	5.13	5.16

另外，成人问卷中每位受访者对于家庭关系及家庭各项功能重要性进行评价，对家庭美满、和睦，与配偶关系亲密，子女有出息，传宗接代几个问题进行打分，分值从最低 1 分开始，最高分为 5 分，分别代表从不重要到非常重要。根据打分结果进行分类整理，高人力资本农户对于家庭美满、和睦的重视程度最高，平均得为 4.75 分，说明高人力资本农户对于家庭的和

谐气氛最为关注，其次为中等人力资本农户和低人力资本农户；在与配偶关系亲密程度的打分中，同样高人力资农户更为重视，其次为中等人力资本农户、低人力资本农户；对于子女有出息的期望中等人力资本农户更高，其次为高人力资本农户、低人力资本农户；最后，低人力资本农户对于家庭的传宗接代功能最为重视，其次为中等人力资本农户，高人力资本农户对这一功能最不关注，给出的打分结果平均只有 3.98 分（表 4-58）。

表 4-58　各类人力资本农户整体氛围与关系（二）

受访者对于家庭关系及家庭功能重要性的打分	高人力资本农户	中等人力资本农户	低人力资本农户
家庭美满、和睦	4.75	4.64	4.63
与配偶关系亲密	4.34	4.23	4.18
子女有出息	4.64	4.65	4.63
传宗接代	3.98	4.00	4.04

在对以上问题进行进一步比较时，无论是高人力资本农户还是中、低人力资本农户，都将"子女有出息"放在几个问题之首（表 4-59），其中中等人力资本农户的受访者首选这一问题的比例最高，达到 48.83%，而高、低人力资本农户这一比例比较接近，都为 47%左右。从这个结果可以看出，在当前社会背景下，子女承载了家庭最大的关注与希望，子女的成功，能够使父母及家庭产生极大的满足感。而受访者第二位关注的问题都是"家庭美满、和睦"，高人力资本农户有 31.42%的受访者认为这个问题对自己最为重要，低人力资本农户也有近 31%的受访者将这一问题放在了关注的首位，中等人力资本农户选择这一问题的比例为 29%。排在第三位，第四位的分别为"与配偶关系亲密""传宗接代"，其中高人力资本农户比中等、低人

力资本农户更看重配偶关系亲密度，而低人力资本农户将家庭的传宗接代功能看得与配偶关系的亲密程度同样重要。

表 4-59　各类人力资本农户整体氛围与关系（三）

单位：人，%

下列哪个问题 更重要	高人力资本农户		中等人力资本农户		低人力资本农户	
	人数	比例	人数	比例	人数	比例
家庭美满、和睦	126	31.42	87	29.10	170	30.85
与配偶关系亲密	9	2.24	8	2.68	18	3.27
子女有出息	190	47.38	146	48.83	257	46.64
传宗接代	8	2.00	7	2.34	18	3.27
其他	68	16.96	51	17.06	88	15.97
总计	401	100.00	299	100.00	551	100.00

少儿问卷中，要求 10~15 岁少儿针对"你觉得自己有多幸福"这一问题进行打分，打分标准为从非常差到非常好，共五档，分别对应 1~5 分，高人力资本农户少儿统计后的平均分为4.44 分，中等人力资本农户统计平均分为 4.38 分，低人力资本农户统计平均分为 4.18 分（表 4-60）。从少儿打分情况来看，人力资本越高的农户家庭少儿自认幸福感越强，尽管这种幸福感不一定全部来自家庭，但这种幸福感与家庭关系的和谐、美满有着必然的关系。

表 4-60　各类人力资本农户整体氛围与关系（四）

单位：人，%

对自身幸福感的打分 （10~15 岁少儿）	高人力资本农户		中等人力资本农户		低人力资本农户	
	人数	比例	人数	比例	人数	比例
5	26	60.47	11	52.38	23	38.98
4	11	25.58	7	33.33	24	40.68
3	5	11.63	3	14.29	12	20.34
2	1	2.33	0	0.00	0	0.00
平均分/合计	4.44	100.00	4.38	100.00	4.18	100.00

4.3.3.2 家庭成员关心与互助

对于家庭成员之间的关心与互助主要从两个方面进行分析，即一方面为家庭成员之间的实质性互助；另一方面为精神层面上的慰藉与关心。

（1）实质性互助

在遇到日常生活中的小麻烦时，受访家庭成员更乐于向配偶寻求帮助，特别是高人力资本农户和低人力资本农户，选择配偶解决麻烦的比例达到40%，而30%的中等人力资本农户受访者选择向配偶寻求帮助；其次为父母、子女。总体来看，不论是哪类人力资本农户，在遇到麻烦时基本还是倾向于向家庭中的直系亲属（包括父母、配偶、子女、孙/外孙子女）寻求帮助，这一比例高人力资本农户为65%，中等人力资本农户为53%，低人力资本农户为67%。而中等人力资本农户除直系亲属之外，还更乐于向其他亲属、邻居寻求帮助，其比例和高人力资本农户、低人力资本农户相比差异较为明显。另外，值得注意的是，人力资本高的农户在寻求帮助时，对于子女的性别选择差异不大，而低人力资本农户更乐于向儿子，而不是向女儿寻求帮助（表4-61）。

表 4-61　各类人力资本农户成员关心与互助（一）

单位：人，%

最先找谁解决生活中的小麻烦	高人力资本农户		中等人力资本农户		低人力资本农户	
	人数	比例	人数	比例	人数	比例
父母	51	12.72	41	13.71	72	13.07
配偶	164	40.90	90	30.10	223	40.47
儿子	22	5.49	17	5.69	47	8.53
媳妇	9	2.24	3	1.00	15	2.72
女儿	15	3.74	8	2.68	8	1.45
女婿	0	0.00	0	0.00	1	0.18

(续)

最先找谁解决生活中的小麻烦	高人力资本农户		中等人力资本农户		低人力资本农户	
	人数	比例	人数	比例	人数	比例
（外）孙子女	0	0.00	0	0.00	1	0.18
其他亲属	24	5.99	30	10.03	31	5.63
邻居	5	1.25	19	6.35	10	1.81
老师	2	0.50	1	0.33	2	0.36
同事	2	0.50	5	1.67	2	0.36
朋友/同学	40	9.98	24	8.03	42	7.62
社会工作者	1	0.25	2	0.67	8	1.45
上帝/真主/佛祖/神明	2	0.50	1	0.33	1	0.18
无人	63	15.71	58	19.40	82	14.88
不知道	0	0.00	0	0.00	6	1.09
拒绝回答	1	0.25	0	0.00	0	0.00
总计	401	100.00	299	100.00	551	100.00

当受访者身体不舒服或生病时，61％的高人力资本农户倾向于选择配偶进行照料，而低人力资本农户这一比例为56％，中等人力资本农户为52％；其次，高人力资本农户更乐于选择父母（15％）、子女（19％）进行照料，中等人力资本农户主要选择子女（24％）、父母（13％）照料，低人力资本农户选择子女（26％）、父母（12％）进行照料。同样，人力资本越低的农户在选择子女进行照料时，性别差异越为明显。总体来看，96％的高人力资本农户会选择家庭中的直系亲属进行照料，而这一比例在中等人力资本农户中为90％，低人力资本农户中为94％，而且一个值得注意的特征是，越是低人力资本的农户，对于子女的依赖越为明显（表4-62）。

表 4-62　各类人力资本农户成员关心与互助（二）

单位：人，%

生病时，最先找谁照料	高人力资本农户		中等人力资本农户		低人力资本农户	
	人数	比例	人数	比例	人数	比例
父母	62	15.46	39	13.04	66	11.98
配偶	245	61.10	156	52.17	307	55.72
儿子	38	9.48	38	12.71	76	13.79
媳妇	19	4.74	19	6.35	38	6.90
女儿	20	4.99	15	5.02	26	4.72
女婿	0	0.00	0	0.00	1	0.18
（外）孙子女	1	0.25	1	0.33	3	0.54
其他亲属	2	0.50	9	3.01	13	2.36
邻居	0	0.00	3	1.00	0	0.00
老师	1	0.25	1	0.33	1	0.18
朋友/同学	4	1.00	1	0.33	7	1.27
同事	1	0.25	0	0.00	0	0.00
社会工作者	0	0.00	0	0.00	1	0.18
无人	8	2.00	16	5.35	11	2.00
不知道	0	0.00	1	0.33	1	0.18
总计	401	100.00	299	100.00	551	100.00

在受访农户需要资金帮助时，无论哪类人力资本农户都首先选择了从"其他亲属"那里寻求帮助，其中高人力资本农户这一比例为 43.89%，中等人力资本农户为 48.83%，低人力资本农户为 47.01%；其次的选择为"父母"，高人力资本农户这一比例为 20.95%，中等人力资本农户、低人力资本农户比例约为 14%；第三选择为子女，其中高人力资本农户选择比例为 9%，中等人力资本农户选择比例为 11%，低人力资本农户选择比例为 13%。从以上数据可以看出，在资金上寻求帮助时，除其他亲属之外，人力资本高的农户越为依赖父母帮助，而人力

资本低的农户更为愿意向子女寻求帮助（表4-63）。

因此，总体来看，在农户家庭需要在实质性问题寻求帮助时，家庭之中的直系亲属基本是家庭成员的第一选择，但不同人力资本水平的农户，选择帮助人的顺序及偏好也存在着一定差异，人力资本高的农户，越乐于向配偶、父母寻求帮助，而人力资本低的农户，越乐于向配偶、子女寻求帮助，而且在寻求帮助的子女中，更乐于向儿子寻求帮助。

表 4-63　各类人力资本农户成员关心与互助（三）

单位：人,%

最先向谁寻求资金帮助	高人力资本农户		中等人力资本农户		低人力资本农户	
	人数	比例	人数	比例	人数	比例
父母	84	20.95	43	14.38	79	14.34
配偶	17	4.24	7	2.34	23	4.17
儿子	19	4.74	12	4.01	43	7.80
媳妇	0	0.00	2	0.67	4	0.73
女儿	17	4.24	19	6.35	22	3.99
女婿	1	0.25	0	0.00	0	0.00
其他亲属	176	43.89	146	48.83	259	47.01
邻居	1	0.25	6	2.01	8	1.45
老师	1	0.25	0	0.00	3	0.54
同事	2	0.50	1	0.33	3	0.54
朋友/同学	45	11.22	25	8.36	52	9.44
社会工作者	0	0.00	4	1.34	2	0.36
上帝/真主/佛祖/神明	0	0.00	1	0.33	0	0.00
无人	36	8.98	32	10.70	51	9.26
不知道	1	0.25	1	0.33	1	0.18
拒绝回答	1	0.25	0	0.00	1	0.18
总计	401	100.00	299	100.00	551	100.00

（2）精神慰藉

在家庭生活中，家庭成员还存在着在家庭中寻求精神慰藉、烦恼倾诉等精神互助方面的需求。成员之间的良好沟通与交流，会使得家庭气氛更加和谐，提高家庭成员的幸福感。

在受访者回答"平时与谁聊天最多"的问题时，选择比例最高的依然是受访者配偶，高人力资本农户和低人力资本农户与选择"配偶"为最多交流者的比例基本都为 33％左右，而相对来说，中等人力资本农户与配偶交流的比例较低，为 26％。除配偶外，在家庭直系亲属中，受访者选择聊天最多的人其次为"子女"，其中高人力资本农户为 15％，中等人力资本农户为 13％，低人力资本农户为 12％；第三选择为"父母"，其中中等人力资本农户、高人力资本农户比例相当，为 8％左右，低人力资本农户为 6％。因此，从总体来看，高人力资本农户与家庭成员之间的交流更为频繁（58％）；其次为低人力资本农户，其交流比例为 53％；与家人交流最少的为中等人力资本农户（49％）。另外，还有一个明显特征就是，在与子女的交流中，受访者更乐于与女儿聊天，尤其是高人力资本农户，选择平时与女儿聊天的比例是与儿子聊天的 2 倍（表 4-64）。

表 4-64　各类人力资本农户成员关心与互助（四）

单位：人，％

平时与谁聊天最多	高人力资本农户		中等人力资本农户		低人力资本农户	
	人数	比例	人数	比例	人数	比例
父母	32	7.98	24	8.03	33	5.99
配偶	135	33.67	79	26.42	184	33.39
儿子	17	4.24	12	4.01	27	4.90
媳妇	9	2.24	10	3.34	16	2.90
女儿	35	8.73	17	5.69	23	4.17
（外）孙子女	4	1.00	4	1.34	9	1.63

（续）

平时与谁聊天最多	高人力资本农户		中等人力资本农户		低人力资本农户	
	人数	比例	人数	比例	人数	比例
其他亲属	9	2.24	14	4.68	14	2.54
邻居	64	15.96	69	23.08	104	18.87
老师	0	0.00	0	0.00	1	0.18
朋友/同学	63	15.71	39	13.04	85	15.43
同事	19	4.74	9	3.01	17	3.09
社会工作者	1	0.25	0	0.00	1	0.18
上帝/真主/佛祖/神明	0	0.00	1	0.33	0	0.00
无人	13	3.24	21	7.02	37	6.72
总计	401	100.00	299	100.00	551	100.00

　　在进一步的调查中，对受访者询问"有无无话不说的人"时，高人力资本农户中有40%的受访者给予了肯定回答，中等人力资本农户的受访者有无话不说的人的比例为39%，而低人力资本农户肯定回答的比例最低，只有26%（表4-65）。在对这一问题继续追问"可以无话不说的人是谁"时，在直系亲属中，受访者选择"配偶"的比例最高，其中低人力资本农户的比例最高，为46%，高人力资本农户为37%，中等人力资本农户为35%；其次的选择为"子女"：高人力资本农户为9%，中等人力资本农户为10%，低人力资本农户为10%；第三选择为"父母"：高人力资本农户为8%，中等人力资本农户为9%，低人力资本农户为6%（表4-66）。

　　由此可以看出，一方面，人力资本越高的农户，与他人交流、倾诉的欲望和能力越强；另一方面，人力资本越低的农户越乐于将自己的心事向家人分享，人力资本越高的农户越乐于将自己的心里话说给朋友、同学、同事听。

表 4-65　各类人力资本农户成员关心与互助（五）

单位：人，%

是否有无话不说的人	高人力资本农户		中等人力资本农户		低人力资本农户	
	人数	比例	人数	比例	人数	比例
是	161	40.15	117	39.13	144	26.13
否	239	59.60	182	60.87	405	73.50
不知道	0	0.00	0	0.00	2	0.36
拒绝回答	1	0.25	0	0.00	0	0.00
总计	401	100.00	299	100.00	551	100.00

表 4-66　各类人力资本农户成员关心与互助（六）

单位：人，%

可以无话不说的人是谁	高人力资本农户		中等人力资本农户		低人力资本农户	
	人数	比例	人数	比例	人数	比例
父母	13	8.07	10	8.55	8	5.56
配偶	59	36.65	41	35.04	66	45.83
儿子	3	1.86	3	2.56	3	2.08
媳妇	2	1.24	3	2.56	5	3.47
女儿	9	5.59	6	5.13	6	4.17
其他亲属	12	7.45	14	11.97	13	9.03
邻居	5	3.11	6	5.13	8	5.56
老师	1	0.62	0	0.00	0	0.00
同事	1	0.62	0	0.00	2	1.39
朋友/同学	52	32.30	30	25.64	30	20.83
上帝/真主/佛祖/神明	4	2.48	4	3.42	2	1.39
无人	0	0.00	0	0.00	1	0.69
总计	161	100.00	117	100.00	144	100.00

　　在受访者对另一个问题"有事或想法，主要向谁诉说"进行回答时，其结果与上述结果基本相近，即无论哪类人力资本

农户，都首选配偶作为自己的心事倾听者，这一比例在高人力资本农户和低人力资本农户高达 50％；第二位的选择为子女；其次为父母。而且与子女进行交流时，高人力资本农户、中等人力资本农户更乐于与女儿进行交流（表 4-67）。

表 4-67 各类人力资本农户成员关心与互助（七）

单位：人，%

最先向谁诉说心事	高人力资本农户		中等人力资本农户		低人力资本农户	
	人数	比例	人数	比例	人数	比例
父母	45	11.22	39	13.04	53	9.62
配偶	202	50.37	132	44.15	277	50.27
儿子	16	3.99	15	5.02	26	4.72
媳妇	15	3.74	10	3.34	22	3.99
女儿	25	6.23	19	6.35	18	3.27
女婿	1	0.25	0	0.00	0	0.00
（外）孙子女	0	0.00	0	0.00	3	0.54
其他亲属	13	3.24	16	5.35	25	4.54
邻居	7	1.75	12	4.01	18	3.27
老师	1	0.25	0	0.00	0	0.00
朋友/同学	34	8.48	27	9.03	50	9.07
同事	3	0.75	0	0.00	1	0.18
上帝/真主/佛祖/神明	1	0.25	2	0.67	1	0.18
无人	38	9.48	27	9.03	57	10.34
总计	401	100.00	299	100.00	551	100.00

总之，在农户家庭成员之间的精神交流及互助方面，家庭之中的直系亲属依然是家庭成员的第一选择，而且无论哪类人力资本农户，都会首选配偶作为交流者，其次为子女，第三选择为父母。另一个明显特征是：在与子女进行交流时，相比儿子，绝大部分受访者更乐于选择女儿作为聊天对象。另外，不

同人力资本水平的农户，其交流能力、家庭成员之间的精神互助也存在一定差异，人力资本高的农户，交流能力越强，家庭成员之间的精神互助越频繁，而低人力资本农户相当一部分受访者交流能力偏低，且家庭成员之间的交流较差，家庭成员关系较为冷淡。

4.3.3.3 夫妻、亲子关系

在少儿自答问卷（10～15岁）中，对于家庭之中的夫妻、亲子关系进行了询问，例如，在对"上个月，你父母之间大概争吵了多少次"问题的回答整理后发现，中等人力资本农户少儿的父母间未出现争吵情况，其次为高人力资本农户，低人力资本农户少儿父母之间的争吵次数最多（表4-68）。这说明中等人力资本农户夫妻之间的关系更为和谐，其次为高等人力资本农户。另一方面，结合前文人力资本聚类分析的数据特征，中等人力资本农户未出现一次争吵现象，也有可能是父母其中一方离家外出务工的情况较为普遍，因此造成数据偏高。

表 4-68　各类人力资本农户夫妻与亲子关系（一）

单位：人，%

父母的争吵次数	高人力资本农户		中等人力资本农户		低人力资本农户	
（10～15岁少儿）	人数	比例	人数	比例	人数	比例
0	40	93.02	19	100.00	50	86.21
1	1	2.33	0	0.00	4	6.90
2	1	2.33	0	0.00	1	1.72
4	0	0.00	0	0.00	2	3.45
6	1	2.33	0	0.00	0	0.00
不知道	0	0.00	0	0.00	1	1.72
总计	43	100.00	19	100.00	58	100.00

在询问"当你遇到烦恼时，一般向谁诉说"时，选择家人作为倾诉对象的比例，高人力资本家庭的少儿为42％，中等人力资本农户家庭的少儿仅为29％，低人力资本农户家庭少儿为47％；且高人力资本农户家庭的少儿更乐于向父母倾诉烦恼，比例为37％，而低人力资本农户家庭的少儿选择父母作为倾诉对象的比例为34％，中等人力资本农户家庭少儿这一比例更是只有19％（表4-69）。另一个较为明显的特征为：在选择"从不向人诉说"的答案孩子中，中等人力资本农户的少儿最多，为19.05％，其次为低人力资本农户（8.47％），最少的为高人力资本农户少儿，比例为6.98％。

表4-69 各类人力资本农户夫妻与亲子关系（二）

单位：人，%

遇到烦恼向谁诉说（10~15岁少儿）	高人力资本农户		中等人力资本农户		低人力资本农户	
	人数	比例	人数	比例	人数	比例
父母	16	37.21	4	19.05	20	33.90
外公/外婆/爷爷/奶奶	0	0.00	1	4.76	3	5.08
兄弟姐妹	1	2.33	0	0.00	5	8.47
家里其他人	1	2.33	1	4.76	0	0.00
从小玩到大的伙伴	4	9.30	5	23.81	4	6.78
老师	0	0.00	1	4.76	3	5.08
同学	9	20.93	3	14.29	10	16.95
网友/朋友	8	18.60	2	9.52	9	15.25
在日记里倾诉	1	2.33	0	0.00	0	0.00
从不向他人诉说	3	6.98	4	19.05	5	8.47
总计	43	100.00	21	100.00	59	100.00

在对受访少儿统计上月与父母争吵次数时，中等人力资本农户少儿与父母争吵次数最少，没有争吵情况的占到90％；其次为

高人力资本农户少儿，没有争吵情况的占 81%，争吵 1 次的占
7%，2 次的占 7%；低人力资本农户少儿没有争吵的占 76%，争
吵 1 次的占 7%。根据这一数据可看出，中等人力资本农户少儿与
父母关系更为融洽，其次为高人力资本农户（表 4-70）。

表 4-70　各类人力资本农户夫妻与亲子关系（三）

单位：人，%

与父母争吵次数	高人力资本农户		中等人力资本农户		低人力资本农户	
（10～15 岁少儿）	人数	比例	人数	比例	人数	比例
0	35	81.40	19	90.48	45	76.27
1	3	6.98	1	4.76	4	6.78
2	3	6.98	0	0.00	6	10.17
3	1	2.33	0	0.00	3	5.08
5	1	2.33	0	0.00	0	0.00
6	0	0.00	0	0.00	1	1.69
不知道	0	0.00	1	4.76	0	0.00
总计	43	100.00	21	100.00	59	100.00

对于既有男孩又有女孩的家庭少儿询问"在你家，女孩是
否比男孩面临更大压力"时，无论哪类人力资本农户的少儿，
选择"没有更大压力"都要多于"有更大压力"，这说明目前在
农户家庭中，对于女孩、男孩的期望、要求基本没有太大区别，
家庭环境较为宽松，并未出现明显的子女间的性别歧视问题。
但从各类别人力资本农户对比来看，高人力资本农户家庭的少
儿认为女孩面临更大压力的比例（43%）要高于中等人力资本
农户（30%），更高于低人力资本农户（17%）（表 4-71），这可
能与低人力资本农户家庭依然保留旧的习俗、观念有关——认
为家庭之中的男孩未来要支应门庭，反而对于女孩没有更多
要求。

表 4-71　各类人力资本农户夫妻与亲子关系（四）

单位：人，%

家中女孩是否比男孩面临更大压力（10～15岁少儿）	高人力资本农户		中等人力资本农户		低人力资本农户	
	人数	比例	人数	比例	人数	比例
是	6	42.86	3	30.00	4	16.67
否	7	50.00	5	50.00	19	79.17
不知道	1	7.14	2	20.00	1	4.17
总计	14	100.00	10	100.00	24	100.00

综上所述，不同人力资本农户在家庭关系上存在着一定差异，这种差异在夫妻关系、亲子关系、家庭成员之间的互助以及家庭成员之间的总体关系上均有体现。概括来说，在夫妻、亲子关系上，中等人力资本农户、高人力资本农户表现出更为融洽的结果，但这种结果同样值得商榷：从分析中可以看出，中等人力资本农户的少儿与父母的争吵最少，但同时存在着一部分少儿无人诉说心事的情况，或者即使向人倾诉，选择的人也更多是同龄人（从小长大的伙伴、同学等），与家人尤其是父母的倾诉较少，总体与父母之间的关系表现为"不吵、不闹、少交流"。

在家庭成员之间的互助上，无论是家庭成员之间实质性的帮助还是精神上的相互慰藉，中等人力资本农户反馈出的情况反而最差，家庭成员之间的关系最为和谐的是高人力资本农户，其次为低人力资本农户。

从总体家庭成员关系的总体评价与观察来看，高人力资本农户家庭成员之间的关系最为融洽，其家庭成员对于家庭的美满和睦也最为重视；其次为低人力资本农户；家庭成员之间最不理想的为中等人力资本农户。

4.3.4 闲暇生活

美国经济学家托尔斯坦·凡勃伦从经济学角度指出"闲暇时间是指不生产的消费时间，即在正常劳动之外用于自由活动以及消费产品的时间。"而"闲暇是指在非生产的消费时间里，即闲暇时间中进行生活消费、社会活动、娱乐休息，是劳动之后身心调剂的过程。"对于个人来说，每天能够利用的时间是有限的，我们可以按照时间的利用不同情况进行划分。CFPS2010在进行调查时，将个人的每天活动分为七个部分，①个人生活活动，指满足个人生理需要且无法由他人代替完成的活动，主要包括睡觉休息、用餐及其他饮食活动、个人卫生活动、家务劳动及照顾家人五个方面；②个人工作，包括第一职业工作和兼职工作两方面；③学习培训，指参加大中小学正规教育和业余大学等非正规教育的学习培训活动，不包括与就业有关的上岗培训、脱产学习等，包括正规教育活动，家庭作业、课后复习等与正规教育有关的活动，业余学习与非正规教育三个方面；④娱乐休闲和社会交往，指由个人自由支配的休闲娱乐活动和社会交往活动，包括阅读传统媒体，看电视、光盘/听广播/听音乐，使用互联网娱乐，体育锻炼与健身活动，业余爱好、游戏和消遣活动、玩耍，社会交往，社区服务与公益活动，宗教活动八个方面；⑤交通活动，指24小时内的所有交通活动，尤其指上下学或上下班路途上的时间；⑥其他；⑦没有活动，指没有活动内容如发呆或活动信息遗漏。从以上分类中可以看出，个人生活时间是由各种必要活动所占据的时间与除这之外的闲暇时间共同构成，个体可以从闲暇中获得身心的愉悦与自我满足，从而缓解工作压力和紧张感，因此，个人从闲暇中可以直接获得效用并恢复工作能力，闲暇生活的时间、质量直接影响家庭效用最大化目标的实现和家庭福利的提升。

对于家庭闲暇生活的考察要从两个方面进行，一方面，闲暇时间是人们可以自由支配的空闲时间，即个人闲暇活动的开展首先受制于拥有可自由支配时间的多少，闲暇时间的多少直接影响着闲暇生活的质量；另一方面，闲暇时间的拥有并不代表真正闲暇的获得，闲暇活动的结构与质量也是需要考察的主要内容。因此，本书对于家庭闲暇活动的研究主要从 CFPS2010 "个人时间利用模块"的每部分时间利用情况展开，在此基础上，对于时间模块中的第四方面，即娱乐休闲和社会交往情况进行进一步研究。

根据本书研究目的，对于 CFPS2010 成人问卷进行整理后，共包含成人问卷 1251 份，在进行闲暇活动研究时，鉴于成人问卷包含 16 岁及以上的受访人情况，这其中也包含了目前正在上学的部分受访者，而这部分受访者个人时间利用与其教育状况密切相关，自由支配时间较少，与已工作受访者时间利用性质存在很大差异，因此，在研究闲暇活动时，将这部分受访者（共 44 人）剔除，因此，此项研究内容共涉及问卷 1207 份。另外，时间利用模块的时间安排分为工作日和休息日两部分，这里对于休息日的定义不是指法定的节、假日，工作日和休息日是指受访者自己的工作日和休息日，不是指常规的星期一到星期日。

4.3.4.1 闲暇消费及时间

对于不同人力资本农户进行分类后，对其上年度家庭文化、娱乐、休闲支出情况进行统计发现，高人力资本农户休闲消费水平最高，年均 214.83 元（表 4-72），而中等人力资本农户休闲消费水平最低，只有 27.24 元，高人力资本农户休闲消费支出为中等人力资本农户的 7.9 倍，为低人力资本农户的 4.2 倍，不同人力资本农户休闲消费支出差异非常明显，这种差异与不同人力资本农户家庭收入水平存在差异直接相关。

表 4-72　各类人力资本农户闲暇生活统计（一）

闲暇消费	高人力资本农户	中等人力资本农户	低人力资本农户
年文化娱乐休闲支出（元）	214.83	27.24	50.96

另一方面，不同人力资本农户在个人时间分配上也存在一定差异（表 4-73）。按照工作日与休息日进行统计，高人力资本农户个人生活活动时间最短，而个人工作时间在工作日最长，说明高人力资本农户的工作时间要求较为严格，且工作日和休息日工作时间差异较明显，即工作日工作时间平均 5.57 小时，休息日工作时间 3.78 小时，这也与前文分析中提到高人力资本农户职业特征有关，高人力资本农户较多在当地从事第二、第三产业，这些职业对于工作时间的要求比从事农业生产活动更为严格。中等人力资本农户、低人力资本农户个人生活活动时间较长，而个人工作时间较短，并且低人力资本农户个人工作时间最短，只有不到 5 小时。

表 4-73　各类人力资本农户闲暇生活统计（二）

单位：元

个人时间分配	高人力资本农户		中等人力资本农户		低人力资本农户	
	工作日	休息日	工作日	休息日	工作日	休息日
个人生活活动	12.63	13.20	12.91	13.22	13.11	13.29
个人工作	5.57	3.78	5.43	4.00	4.92	3.86
学习培训	0.09	0.03	0.00	0.00	0.00	0.02
娱乐休闲和社会交往	3.49	4.03	3.38	3.87	3.15	3.42
交通活动	0.28	0.25	0.28	0.29	0.32	0.29
其他	0.34	0.36	0.51	0.62	0.55	0.62
没有活动	1.50	2.05	1.34	1.77	1.67	2.09
合计	23.90	23.70	23.85	23.77	23.71	23.58

在娱乐休闲和社会交往时间上，高人力资本农户时间最长，

工作日的娱乐休闲时间为 3.49 小时，休息日为 4.03 小时，而低人力资本农户时间最短，工作日为 3.15 小时，休息日为 3.42 小时。

从以上分析中可以看出，不同人力资本农户家庭休闲生活存在一定差异，无论从家庭休闲消费水平还是休闲时间来看，高人力资本农户的闲暇生活水平都要比中等人力资本农户、低人力资本农户要高一些，而低人力资本农户的闲暇生活水平最低。

4.3.4.2　闲暇活动

从娱乐休闲和社会交往的具体时间分配来看，目前农户进行的闲暇活动种类较为丰富（表4-74）。按照工作日和休息日两类进行统计，目前我国农村最为广泛的娱乐休闲活动还是传统的看电视、光盘，听广播或听音乐。不论是高人力资本农户还是低人力资本农户，其每天的看电视、听广播的时候基本都为 2 小时左右。工作日时，低人力资本农户进行这项活动的时间最长，高人力资本农户的时间最短。休息日时，高人力资本农户这项活动时间最长，中等人力资本农户用时最短。除此之外，较为普遍的娱乐休闲活动为社会交往，业余爱好、游戏和消遣活动、玩耍，但所花费时间与看电视、听广播的时长相比有着很大差异，平均每天分别为 0.6 小时左右、0.4 小时左右。

表 4-74　各类人力资本农户闲暇生活统计（三）

单位：元

娱乐休闲和社会交往时间分配	高人力资本农户		中等人力资本农户		低人力资本农户	
	工作日	休息日	工作日	休息日	工作日	休息日
阅读传统媒体	0.18	0.19	0.13	0.15	0.07	0.08
看电视、光盘/听广播/听音乐	1.93	2.14	1.86	2.04	1.95	2.11
使用互联网娱乐	0.26	0.36	0.17	0.20	0.07	0.09
体育锻炼与健身活动	0.16	0.18	0.15	0.14	0.13	0.13

（续）

娱乐休闲和社会	高人力资本农户		中等人力资本农户		低人力资本农户	
交往时间分配	工作日	休息日	工作日	休息日	工作日	休息日
业余爱好、游戏和消遣活动、玩耍	0.35	0.43	0.36	0.57	0.34	0.40
社会交往	0.57	0.70	0.65	0.71	0.56	0.60
社区服务与公益活动	0.01	0.01	0.02	0.02	0.00	0.00
宗教活动	0.02	0.02	0.03	0.03	0.02	0.02
合计	3.49	4.03	3.38	3.87	3.15	3.42

另外，结合表 4-75 也可以看出，目前我国农村居民的主要娱乐休闲活动还是以传统方式为主，较为新颖的休闲方式（例如上网休闲）在农村还未得到普及。例如在此次调查中，高人力资本农户上网比例最高，也只有 19％左右，低人力资本农户只有不到 8％的受访者上网。对于上网受访者的调查，高人力资本农户、中等人力资本农户、低人力资本农户平时每天上网时间分别为 1.98 小时、2.39 小时、1.97 小时（表 4-76）。由于能够使用互联网的人数比例较低，也就造成了城市中较为普遍的使用互联网进行娱乐的方式，在农村中并未得到普及。这种传统休闲方式占据绝对主导地位情况，一方面与农村总体收入水平较低、农业劳动特点有关，同时也与农村教育水平偏低有着直接关系。

表 4-75　各类人力资本农户闲暇生活统计（四）

单位：人，％

是否上网	高人力资本农户		中等人力资本农户		低人力资本农户	
	人数	比例	人数	比例	人数	比例
是	71	18.39	35	12.07	41	7.72
否	315	81.61	255	87.93	490	92.28
总计	386	100.00	290	100.00	531	100.00

表 4-76　各类人力资本农户闲暇生活统计（五）

上网时间	高人力资本农户	中等人力资本农户	低人力资本农户
平均每天上网时间（小时）	1.98	2.39	1.97

　　为更好地区分不同人力资本水平农户闲暇生活之间的差异，将娱乐休闲和社会交往活动按照闲暇性质进行分类整理，将闲暇活动分为四类，即：消遣娱乐型、发展提高型、社会交往型和信仰服务型。其中消遣娱乐型是指不需要专业休闲技能，单纯以消遣为目的的休闲活动，看电视、听广播，使用互联网娱乐，业余爱好、游戏和消遣活动属于此种类型。发展提高型是以提高自我为目的的休闲活动，包括阅读传统媒体，体育锻炼与健身活动，通过这一方式可以达到增长知识、陶冶情操的目的。社会交往型主要体现在社会认同、信息传递、消解矛盾等作用，例如，外出就餐属于该类。信仰服务型主要包括社区服务与公益活动及宗教活动，通过这种活动，主要得到精神上的愉悦及满足。按照上述标准进行分类，根据 CFPS 闲暇活动模块，根据受访者近三个月不同类型闲暇活动选取有代表性的活动进一步分析其进行频率。

（1）消遣娱乐型

　　消遣娱乐型休闲活动中最普遍的就是看电视，通过对看电视频率的调查可以发现，无论哪一类型人力资本农户，不看电视的比例都非常低，而几乎每天看电视的受访者在高人力资本农户、中等人力资本农户、低人力资本农户分别为 75％、73％、74％（表 4-77），说明绝大多数受访者基本天天收看电视节目，总体来看，高人力资本农户看电视频率最高。另外，从农村中比较普遍的打牌、打麻将、玩游戏的频率中可以看出，低人力资本农户几乎每天都进行的比例最低，其次为高人力资本农户，中等人力资本农户比例最高。从整体来看，高人力资本农户进行这项娱乐活动的比例最高，但从各组比例来看，中等人力资本农户进行得比较频繁（表4-78）。总体来看，进行消遣娱乐型活动的高人力资本农户、中等人力资本农户较多，而低人力资本农户较少。

表4-77　各类人力资本农户闲暇生活统计（六）

单位：人，%

看电视频率	高人力资本农户		中等人力资本农户		低人力资本农户	
	人数	比例	人数	比例	人数	比例
几乎每天	290	75.13	213	73.45	393	74.01
一周几次	44	11.40	34	11.72	49	9.23
一月几次	8	2.07	12	4.14	12	2.26
一月一次	1	0.26	3	1.03	1	0.19
无	43	11.14	28	9.66	76	14.31
总计	386	100.00	290	100.00	531	100.00

表4-78　各类人力资本农户闲暇生活统计（七）

单位：人，%

打牌、打麻将、玩游戏频率	高人力资本农户		中等人力资本农户		低人力资本农户	
	人数	比例	人数	比例	人数	比例
几乎每天	10	2.59	8	2.76	13	2.45
一周几次	28	7.25	20	6.90	31	5.84
一月几次	26	6.74	22	7.59	26	4.90
一月一次	4	1.04	1	0.34	12	2.26
几个月一次	8	2.07	2	0.69	4	0.75
无	310	80.31	237	81.72	445	83.80
合计	386	100.00	290	100.00	531	100.00

（2）发展提高型

从阅读情况来看，高人力资本农户阅读活动的比例与中等人力资本农户、低人力资本农户差异较为明显，有阅读习惯的高人力资本农户远多于中等人力资本农户、低人力资本农户。受访近三个月内，高人力资本农户没有阅读活动的比例为82%，而中等人力资本农户、低人力资本农户该比例分别为89%、94%。受访有阅读经历者，高人力资本农户几乎每天都阅读的比例为 9%，而中等人力资本农户、低人力资本农户比例仅为 3%、2%，且其他各组高人力资本农户阅读比例基本都高于中等人力资本农户、低人力资本农户（表 4-79）。

表 4-79　各类人力资本农户闲暇生活统计（八）

单位：人，%

阅读频率	高人力资本农户		中等人力资本农户		低人力资本农户	
	人数	比例	人数	比例	人数	比例
几乎每天	34	8.81	10	3.45	11	2.07
一周几次	21	5.44	10	3.45	16	3.01
一月几次	9	2.33	12	4.14	3	0.56
一月一次	3	0.78	0	0.00	4	0.75
几个月一次	1	0.26	0	0.00	0	0.00
无	318	82.38	258	88.97	497	93.60
合计	386	100.00	290	100.00	531	100.00

从健身或参加体育锻炼频率来看，整体情况与阅读活动情况基本类似：没有该项活动的低人力资本农户比例最高，其次为中等人力资本农户、高人力资本农户。几乎每天都进行体育锻炼的高人力资本农户占 9%，而中等人力资本农户、低人力资本农户只有 3%、2%。其他组高人力资本农户进行锻炼的比例基本也高于中等人力资本农户、低人力资本农户（表 4-80）。

表 4-80　各类人力资本农户闲暇生活统计（九）

单位：人，%

健身或参加体育锻炼频率	高人力资本农户		中等人力资本农户		低人力资本农户	
	人数	比例	人数	比例	人数	比例
几乎每天	28	7.25	5	1.72	18	3.39
一周几次	5	1.30	5	1.72	4	0.75
一月几次	2	0.52	2	0.69	3	0.56
一月一次	0	0.00	0	0.00	1	0.19
无	351	90.93	278	95.86	505	95.10
合计	386	100.00	290	100.00	531	100.00

（3）社会交往型

社会交往部分只对于外出就餐情况进行了调查，从表4-81可以看出，近三个月中等人力资本农户没有外出就餐的比例最高，为92%，其次为低人力资本农户，比例为92%，高人力资本农户，比例为86%。各类别几乎每天外出就餐的比例都较低，高人力资本农户为0.78%，低人力资本农户为0.56%，而中等人力资本农户未出现这种情况。根据其他各组情况来看，总体高人力资本农户外出就餐较为频繁。

表4-81　各类人力资本农户闲暇生活统计（十）

单位：人，%

外出就餐频率	高人力资本农户		中等人力资本农户		低人力资本农户	
	人数	比例	人数	比例	人数	比例
几乎每天	3	0.78	0	0.00	3	0.56
一周几次	12	3.11	5	1.72	6	1.13
一月几次	22	5.70	7	2.41	16	3.01
一月一次	10	2.59	7	2.41	12	2.26
几个月一次	6	1.55	3	1.03	6	1.13
无	333	86.27	268	92.41	488	91.90
合计	386	100.00	290	100.00	531	100.00

（4）信仰服务型

信仰服务部分针对参加宗教活动频率进行了调查，从调查结果来看，高人力资本农户没有宗教活动的比例最低，其次为低人力资本农户、中等人力资本农户。从参加频率来看，也是高人力资本农户参与比例最高，几乎每天都参加和一周几次参加的比例为1.3%，而这种情况在中等人力资本农户、低人力资本农户中只占不足0.4%（表4-82）。

表 4-82　各类人力资本农户闲暇生活统计（十一）

单位：人，%

参加宗教活动频率	高人力资本农户		中等人力资本农户		低人力资本农户	
	人数	比例	人数	比例	人数	比例
几乎每天	1	0.26	0	0.00	0	0.00
一周几次	4	1.04	1	0.34	2	0.38
一月几次	2	0.52	1	0.34	3	0.56
一月一次	0	0.00	1	0.34	2	0.38
几个月一次	1	0.26	0	0.00	1	0.19
无	378	97.93	287	98.97	523	98.49
合计	386	100.00	290	100.00	531	100.00

最后，对于不同人力资本农户的闲暇活动时间进行分类整理（表 4-83）。从整理结果可以看出，低人力资本农户无论哪种类型的闲暇活动时间都为最低，而高人力资本农户消遣娱乐型、发展提高型闲暇活动都高于中等人力资本农户，但在社会交往型和信仰服务型闲暇时间方面略低于中等人力资本农户。

表 4-83　各类人力资本农户闲暇生活统计（十二）

单位：小时

娱乐休闲和社会交往时间分配	高人力资本农户		中等人力资本农户		低人力资本农户	
	工作日	休息日	工作日	休息日	工作日	休息日
消遣娱乐型	2.54	2.93	2.39	2.81	2.36	2.6
发展提高型	0.34	0.37	0.28	0.29	0.2	0.21
社会交往型	0.57	0.7	0.65	0.71	0.56	0.6
信仰服务型	0.03	0.03	0.05	0.05	0.02	0.02
合计	3.48	4.03	3.37	3.86	3.14	3.43

综上所述，不论是从家庭闲暇消费支出、闲暇时间来看，高人力资本农户闲暇活动水平都要比中等人力资本农户、低人力资本农户高。另外，从闲暇生活质量来看，目前我国农户闲

暇活动类型较为丰富，但总体层次不高，无论是哪类层次的人力资本农户，其主要闲暇活动都是以娱乐消遣型为主，其次为社会交往型活动，而发展提高型、信仰服务型休闲活动开展较少，这说明在我国农村，传统闲暇活动依然占据主导地位。相对来说，高人力资本农户闲暇活动质量要高于中等人力资本农户，质量最低的是低人力资本农户，其闲暇活动还只是停留在精神的放松、单纯追求娱乐方面，还未能通过闲暇活动，达到学习提升、陶冶情操、提升素质的作用。

4.4　本章小结

本章共分为三部分，主要是对于不同人力资本农户的福利状况进行了分析。

第一部分对于本研究的理论框架进行了解释与说明。

第二部分对于农户的经济福利进行了分析。对于家庭福利来说，经济水平是决定家庭生活质量的基础性指标，只有在一定经济基础之上，家庭成员才有可能获得更高的效用。在这部分中，选择了农户总收入、农户劳均纯收入两个指标对于不同人力资本水平下的农户经济福利情况进行了分析，分析结果显示，人力资本越高的农户，其农户总收入、农户劳均纯收入也越高，呈现出明显的正向变动关系。另外，还对于不同人力资本农户的收入结构进行了比较。结果显示，人力资本越高的农户，其收入结构也就越丰富，而且其对于农业生产收入的依赖也就越低，其他非农收入所占的比重也就越高。

第三部分主要针对农户的非经济福利情况进行了分析。根据家庭功能理论，对于农户的非经济福利情况进行分析，主要从子女抚育、老人赡养、家庭关系、闲暇生活四个方面进行。

首先，从子女抚育情况来看，不同人力资本农户在各方面表现出了一定差异。这表现在：①对子女的健康关注方面，高人力资本农户、低人力资本农户更为关注子女的健康，中等人力资本农户在这方面的关注稍差。②对子女的生活照料方面，高人力资本农户最为负责，其次为中等人力资本农户，再次为低人力资本农户，在这里低人力资本农户中的父母即使有条件，也更乐于将照料责任放在他人身上。另外，中等人力资本农户由于外出务工情况较多，造成与子女分离的情况较为普遍。③在家长关怀方面，从家长与子女的沟通交流情况来看，高人力资本水平农户与子女的交流更多，而中等人力资本农户在这方面表现最差。这也在后面进行家庭关系分析时得到了同样的结论。在对不同年龄阶段的少儿进行分析时发现，对于学龄前少儿的关怀，中等人力资本农户做得最好，无论是从带少儿出去游玩还是为子女阅读等活动，中等人力资本农户所投入的精力比高人力资本农户、低人力资本农户都略高。但在对学龄少儿的关怀方面，高人力资本农户更为负责、认真，能够积极配合学校教育，对子女的要求更为严格，与子女的沟通也更多。其次为中等人力资本农户、低人力资本农户。④在教育关注方面，总体来看，人力资本越高的农户对于子女的教育越为重视。从父母对于子女的教育期望来看，不论是哪类人力资本农户，大部分父母都希望子女能够完成大学教育，但在更高层次学历水平上，呈现出低人力资本农户愿望更强烈的状态。但对于少儿的调查，却呈现出不同的趋势，越高人力资本农户的子女，对于自身教育水平的期望越高，低人力资本农户子女对自身教育期望是最低的。另外，从父母对于子女的教育投入、态度及行为方面，也呈现出不一致的状态。例如，对于教育投入来看，高人力资本农户对于子女的教育投入最高，其次为低人力资本农户、中等人力资本农户。但从学前教育来看，存在整体重视不足的问题，这表现在：一方面，相当一部分幼儿没有或曾经没有幼儿园生活的经历；另一方面，在学前参加亲子班、辅导班的幼儿比例相当低。而从学龄教育来看，总体呈现出越高人力资本农户越为重视的趋势，高人力资本农户对于子女的要求更为严格，自身投入的精力、时间也最多，对于存在问题的处理方式也更加理性，但在个别问题上，也存在着部分中等人力资本农户对于子女学业较为漠视的情况。

其次，在老人赡养方面，主要从三个方面进行了分析。①经济支持方面，表现为较高人力资本农户对于老人的经济支持更多，一方面中等人力资本农户支付更多的赡养费；另一方面，人力资本越高的农户，给予父母的资金帮助也就越普遍。②日常照料方面，也呈现出人力资本越高的农户，对于老人给予的关照更多的状态。③精神慰藉方面，一方面存在着部分老人无人可以交流情况；另一方面，各类人力资本农户与子女的日常交流都较少，老人的日常交流对象主要为配偶、甚至邻居。相对来说，中等人力资本农户子女与父母的日常较多，其次为高人力资本农户、低人力资本农户。在深度交流方面的趋势呈现越高人力资本农户子女与父母深度交流越多的情况，这也说明了越高人力资本农户老人对于子女越为信任。最后，在进行观察时，还发现了一个普遍存在的现象：越低人力资本农户，对于儿子的依赖要高于对女儿依赖，这种依赖体现在经济方面，也体现在非经济方面。但对于高人力资本农户来说，这种差异并不特别明显，尤其在与子女深度交流方面，反而出现更乐于向女儿倾吐心事的情况。

再次，在家庭关系方面，主要从三个方面进行了分析。①在家庭整体氛围与关系方面，总体来看，高人力资本农户家庭氛围、成员之间的关系最为和谐，其次为低人力资本农户，最差为中等人力资本农户。另外，越高人力资本农户对于家庭的美满、和谐越为重视。②在家庭成员关心与互助方面，在农户家庭需要在实质性问题寻求帮助时，家庭之中的直系亲属基本是家庭成员的第一选择，但不同人力资本水平的农户，选择帮助人的顺序及偏好也存在着一定差异，人力资本高的农户，越乐于向配偶、父母寻求帮助，而人力资本低的农户，越乐于向配偶、子女寻求帮助，而且在寻求帮助的子女中，更乐于向儿子寻求帮助。在寻求精神慰藉方面，家庭之中的直系亲属依然是家庭成员的第一选择，而且无论哪类人力资本农户，都会首选配偶作为交流者，其次为子女，第三选择为父母。另一个明显特征是：在与子女进行交流时，相比儿子，绝大部分受访者更乐于选择女儿作为聊天对象。另外，不同人力资本水平的农户，其交流能力、家庭成员之间的精神互助也存在一定差异，人力资本高的农户，交流能力越强，家庭成员之间的精神互助越频繁，而低人力资本农户相当一部分受访者交流能力偏低，且家庭成员之间的交流较差，家庭成员关系较为冷淡。③在夫妻、亲子关系方面，亲子之间的沟通与交流在高人力资本农户家庭中是最好的，其次为低人力资本农户，最差为中等人力资本农户，中等人力资本农户的子女更乐于向同伴，而不是家人诉说心事。

最后，在闲暇生活方面，从两个方面进行了分析。①从闲暇消费与时间来看，高人力资本农户的闲暇生活水平都要比中等人力资本农户、低人力资本农户高一些，而低人力资本农户的闲暇生活水平最低。②从闲暇活动来看，各类人力资本农户休闲活动种类并未有太大差异，且活动内容较为丰富，但还是以传统休闲活动为主，较为新颖的休闲活动开展较少。另外，不同人力资本水平农户在休闲活动质量上也存在一定差异，尽管各类人力资本农户闲暇活动都是以娱乐消遣型活动为主，但高人力资本农户在参与发展提高型、信仰服务型闲暇活动的频率、时间都要多于中等人力资本农户、低人力资本农户，因此，其闲暇活动质量相对较高，质量最低的是低人力资本农户。

第五章

农户福利测度

　　模糊数学又称 Fuzzy 数学，是定量化研究和处理模糊性现象的一种数学理论和方法。我们研究人类系统的行为，或者处理可与人类系统行为相比拟的复杂系统，参数和变量甚多，各种因素相互交错，系统很复杂，它的模糊性也很明显。而事物的模糊性是指概念外延的不确定性，造成了判断的不确定性。模糊数学由美国控制论专家 L. A. 扎德（L. A. Zadeh）教授所创立，他于 1965 年发表了题为《模糊集合论》（《Fuzzy Sets》）的论文，从而宣告模糊数学的诞生。模糊数学用精确的数学语言去描述模糊性现象，"它代表了一种与基于概率论方法处理不确定性和不精确性的传统不同的思想，……不同于传统的新的方法论"，它能够更好地反映客观存在的模糊性现象。扎德教授利用"隶属函数"这个概念来描述现象差异中的中间过渡，从而突破了古典集合论中属于或不属于的绝对关系，这也标志着模糊数学这门学科的诞生。模糊性数学发展的主流是在它的应用方面。由于模糊性概念已经找到了模糊集的描述方式，人们运用概念进行判断、评价、推理、决策和控制的过程也可以用模糊性数学的方法来描述。例如模糊聚类分析、模糊模式识别、模糊综合评判、模糊决策与模糊预测、模糊控制、模糊信息处理等。这些方法构成了一种模糊性系统理论，构成了一种思辨数学的雏形。

模糊综合评价是模糊数学中的主要内容，是对受多种因素影响的事物做出全面评价的一种十分有效的多因素决策方法，主要是利用模糊数学的方法，对受到多个因素影响的事物，按照一定的评判标准，给出事物获得某个评语的可能性。其特点是评价结果不是绝对地肯定或否定，而是以一个模糊集合来表示。它具有结果清晰，系统性强的特点，能较好地解决模糊的、难以量化的问题，适合各种非确定性问题的解决。

5.1　模糊评价理论框架

根据集合论的要求，一个对象对应于一个集合，要么属于，要么不属于，二者必居其一，且仅居其一。这种集合论本身并无法处理具体的模糊概念。而对于模糊数学来说，在模糊集合中，给定范围内元素对它的隶属关系不一定只有"是"或"否"两种情况，而是用介于 0 和 1 之间的实数来表示隶属程度，还存在中间过渡状态。扎德认为，指明各个元素的隶属集合，就等于指定了一个集合。当隶属于 0 和 1 之间的值时，就是模糊集合。扎德采用模糊集合理论来建立模糊语言的数学模型，使研究的内容数量化、形式化，即针对于研究的模糊现象，用 0 和 1 之间的连续数来表征它从属于某一标准的隶属程度，这样就把模糊现象进行了定量描述。

对于隶属度的计算主要包括两种方法：一种方法是根据经验直接给出具体数值，另一种方法是根据隶属度函数进行计算。建立隶属函数，就是要建立一个从域到 [1,0] 的映射，用来描述某对象具有模糊性质或属于某个模糊概念的程度。隶属函数的建立带有主观因素，但必须以客观实际为基础。所以，隶属函数是在客观规律的基础上经过人们的综合分析、加工改造而成，是客观事物本质属性经过人脑加工后的表现。

例如，对于一个普通的集合 U，空间中任一元素 x，要么 $x \in A$，要么 $x \notin A$，二者必居其一。这一特征可用一个函数表示为：

$$A(x) = \begin{cases} 1 & x \in A \\ 0 & x \notin A \end{cases}$$

$A(x)$ 即为集合 A 的特征函数。

将在普通集合中只取 0、1 两值推广到模糊集中为 $[0, 1]$ 区间。即，若对论域（研究的范围）U 为全域，若 U 中的任一元素 x，都有一个数 $A(x) \in [0,1]$ 与之对应，则称 A 为 U 上的模糊集，$A(x)$ 称为 x 对 A 的隶属度，当 x 在 U 中变动时，$A(x)$ 就称为 A 的隶属函数。隶属度表示在模糊集合中每一个元素属于模糊集合的隶属程度。隶属度 $A(x)$ 越接近于 1，表示 x 属于 A 的程度越高，$A(x)$ 越接近于 0，表示 x 属于 A 的程度越低，用取值于区间 $[0, 1]$ 的隶属函数 $A(x)$ 表征 x 属于 A 的程度高低。

5.2　农户福利隶属函数的确定

根据模糊评价方法，设模糊集 X 为农户家庭的福利状况，反映农户福利状况的各项功能性内容 W 为 X 的子集，因此第 n 个农户家庭的福利函数为 $W_n = \{x_n, \mu_w(x_n)\}$。其中 $x \in X$，$\mu_w(x)$ 为 x 对 W 的隶属度，$\mu_w(x) \in [0,1]$。因此，隶属度为 0 和 1 之间变动的一个数值，且隶属度为 1 时福利处于绝对好的状态，隶属度为 0 时福利状况绝对差，隶属度为 0.5 时状态不好不坏。即隶属度越接近于 1，说明农户家庭的福利状况越好；隶属度越接近于 0，说明农户家庭的福利状况越差。因此，选择的隶属函数是否适当，直接影响了评价结果的准确性、合理性。对于隶属函数的选择，主要依赖于研究的内容和指标的性质。一般研究过程中，所用到的指标类型可以分为三类：连续型变量、虚拟二分变量以及虚拟定性变量（Miceli，1998；高进云，2008）。对于不同的指标，隶属函数的计算方法也不相同。

设 x_i 是表示农户福利状况的第 i 个功能子集，x_{ij} 则表示测度第 i 个功能的第 j 项评价指标。据此可以写出农户福利的初级指标为 $x = [x_{11}, \cdots, x_{ij} \cdots]$，其中，$i = 1, 2, \cdots, I$，$I$ 表示评价农户福利的功能性活动的个数；$j = 1, 2, \cdots, J_{(i)}$，$J_{(i)}$ 表示第 i 个功能性活动中评价指标的数量，每个功能性活动中的评价指标个数有可能不尽相同。

（1）连续型变量

对于连续型变量通常采用连续型隶属函数，常用的隶属函数有梯形分布、岭形分布、抛物型分布及正态分布等。借鉴其他学者的研究方法（高进云，2007 等），对于本书涉及的连续型变量分别采用升半梯形分布、降半梯形分布的隶属函数。

升半梯形分布的隶属函数为：

$$\mu(x_{ij}) = \begin{cases} 0 & 0 \leqslant x_{ij} \leqslant x_{ij}^{\min} \\ \dfrac{x_{ij} - x_{ij}^{\min}}{x_{ij}^{\max} - x_{ij}^{\min}} & x_{ij}^{\min} < x_{ij} < x_{ij}^{\max} \\ 1 & x_{ij} \geqslant x_{ij}^{\max} \end{cases} \quad (5\text{-}1)$$

降半梯形分布的隶属函数为：

$$\mu(x_{ij}) = \begin{cases} 0 & 0 \leqslant x_{ij} \leqslant x_{ij}^{\min} \\ \dfrac{x_{ij}^{\max} - x_{ij}}{x_{ij}^{\max} - x_{ij}^{\min}} & x_{ij}^{\min} < x_{ij} < x_{ij}^{\max} \\ 1 & x_{ij} \geqslant x_{ij}^{\max} \end{cases} \quad (5\text{-}2)$$

式中，x_{ij} 表示研究域第 i 个功能子集第 j 个指标值，$x_{ij}^{\max}$ 表示指标值 x_{ij} 的上限，$x_{ij}^{\min}$ 表示指标值 x_{ij} 的下限。其公式涵义为：如果指标 x_{ij} 取值大于或等于 $x_{ij}^{\max}$，则其状态无疑是好的；如果

指标 x_{ij} 取值小于或等于 $x_{ij}^{\min}$，则其状态无疑是差的。式（5-1）表示指标 x_{ij} 与福利状况为正相关关系，即 x_{ij} 值越大，其福利状况就越好；式（5-2）表示指标 x_{ij} 与福利状况为负相关关系，即 x_{ij} 值越大，其福利状况就越差。

（2）虚拟定性变量

连续型变量可以对研究现象进行准确的定量描述，而现实生活中还有很多现象无法用准确的数据进行测量，对于这类问题，我们一般采用语言进行定性描述，这种定性描述一般按照强弱程度进行分组。例如，在考察受访者对某一问题的接受程度时，设置了"十分同意、同意、中立、不同意、十分不同意"这五种状态，要求受访者在这五种状态之中选择最为认同的一种，这一变量就称为虚拟定性变量。对于虚拟定性变量来说，虽然其具体表现为定性语言，但在进行具体数量分析时，还需对其进行量化处理。如上例中，我们可以根据回答的强弱、接受程度，对答案进行依次等距的赋值处理，即将"十分同意、同意、中立、不同意、十分不同意"分别赋值为"5，4，3，2，1"。

假设研究问题有 m 种状态，对这 m 种状态分别进行依次等距赋值，即对 $x_{ij} = \{x_{ij}^{(1)}, \cdots, x_{ij}^{(m)}\}$，通常设：$x_{ij}^{(1)} < \cdots < x_{xj}^{(l)} \cdots < x_{ij}^{(m)}$，且 $x_{ij}^{(1)} = l(l = 1, \cdots, m)$（Miceli，1998）。如果该指标为正指标，则变量值越大表示福利状况越好；如果该指标为逆指标，则变量值越小表示福利状况越好。

虚拟定性变量的隶属函数为：

$$\mu(x_{ij}) = \begin{cases} 0 & x_{ij} \leqslant x_{ij}^{\min} \\ \dfrac{x_{ij} - x_{ij}^{\min}}{x_{ij}^{\max} - x_{ij}^{\min}} & x_{ij}^{\min} < x_{ij} < x_{ij}^{\max} \quad (5\text{-}3) \\ 1 & x_{ij} \geqslant x_{ij}^{\max} \end{cases}$$

式中，$x_{ij}^{\max}$ 表示指标 x_{ij} 的上限，$x_{ij}^{\min}$ 表示指标 x_{ij} 的下限

(Cerioli，Zani，1998)。

（3）虚拟二分变量

如果研究现象为定性现象，且其表现形式只有两种，即呈现出非此即彼的状态，一般对这一问题进行定量分析时，其表现形式的赋值只有0，1两种数值，则这一变量为虚拟二分变量。

虚拟二分变量的隶属函数为：

$$\mu(x_{ij}) = \begin{cases} 0 & x_{ij} = 0 \\ 1 & x_{ij} = 1 \end{cases} \tag{5-4}$$

上式表示为，当农户拥有商品或服务 x_{ij} 时，该指标的隶属度为1；如果农户未能拥有商品或服务 x_{ij}，则该指标的隶属度为0。

5.3 权重的确定及隶属度的汇总

对于本书所研究的农户福利问题，需要在得到初级指标隶属度的基础上，进一步将其加总为最后的综合指标。在进行综合汇总时，还面临着指标的加权问题，各项指标权重的确定，也是模糊评价方法需要解决的一项关键问题。指标的权重反映了集合中的各项因素对我们所研究问题的影响程度，同时也影响着模糊评价的最终结果。一般来说，指标的权重越大，说明这一指标的重要性越强；指标的权重越小，说明这一指标的重要性就越弱。

隶属函数权重的确定方法主要包括两种：一种方法为主观赋值法，如德尔菲法、层次分析法。其主要原理是通过专家打分或在经验总结的基础上确定各项指标的重要程度，进而确定相应权重。主观赋值方法在实践应用时，受评判对象的专业水平、对于所研究问题的认识程度影响，有着较大的随意性和不确定性，不同的评判者给出的权重可能存在着较大差异，因此，这一方法的主观性较强。另一种方法为客观赋值法。这一方法从实际数据出发，通过一定的数学方法寻求数据的规律性，在确定数据的重要程度的基础上给出各指标的权重，其代表方法包括变异系数法等。由于这一方法主要通过寻求数据规律性得出指标权重，较好消除了主观因素的影响，但是，这一方法对于数据的依赖性较强，如果数据出现偏误，则易出现逻辑错误。

本书对于农户福利状况进行评价时，借鉴 Cheli 和 Lemmi（1995）所提出的客观权重计算方法，公式为：

$$w_{ij} = \ln\left(\frac{1}{\bar{\mu}(x_{ij})}\right) \qquad (5\text{-}5)$$

式中，$\bar{\mu}(x_{ij}) = \dfrac{1}{n}\sum_{p=1}^{n}\mu(x_{ij})^{(p)}$，反映 n 个农户第 i 个功能子集中第 j 项指标的均值。利用这一公式，可以对于隶属度较小的指标给予一个较大的权重，对于隶属度较大的指标给予一个较小的权重。这一方法的基本思路为：在进行福利评价时，对于福利程度较低的方面及指标给予重视，使其得到更多的关注。

在确定了初级指标的隶属度、指标权重的基础上，就可以计算各功能的隶属度。根据 Cerioli 和 Zani（1990）提出的公式进行指标汇总：

$$\mu(x_i) = \sum_{j=1}^{J}\bar{\mu}(x_{ij})\times w_{ij}\Big/\sum_{j=1}^{J}w_{ij} \qquad (5\text{-}6)$$

式中，J 表示第 i 个功能子集中包含的初级指标个数。

根据上述方法计算出农户家庭各功能的隶属度。在此基础上，根据各功能的隶属度，利用公式（5-6）再加权汇总，即可得到农户家庭总体福利隶属度。

$$\mu = \sum_{i=1}^{I}\mu(x_i)\times w_i\Big/\sum_{i=1}^{I}w_i \qquad (5\text{-}7)$$

式中，I 表示对于农户家庭进行福利评价时所包含的功能子集个数。

5.4　指标体系构建及变量取值

对于农户福利进行评价，主要是在农户家庭的功能性活动的基础上，选取反映各项功能性活动的代表性指标形成评价的指标体系。在进行功能性活动定义时，主要借鉴森的"可行能力"理论，但森在进行研究时，所提出的 5 项功能性活动主要针对个人而言，并未对于家庭的功能性活动给出描述，因此，本书根据森的可行能力理论、家庭功能理论，并借鉴其他学者的研究内容，给出本书所研究的农户功能性活动及主要指标。具体内容包括：

（1）家庭经济

经济功能是家庭最基本的功能，也是其他家庭功能的物质基础。根据福利经济学理论，经济收入是衡量福利水平的重要指标。因此，家庭经济水平的高低直接反映家庭的福利状况。对于家庭经济状况进行考察时，主要选择家庭收入指标进行测度。本书主要采用家庭人均农业收入和家庭人均非农收入两个指标反映家庭经济状况。从变量类型来看，人均农业收入、人均非农收入均为连续型变量，且在进行隶属度计算时，指标最大值、最小值均取调查样本农户人均农业收入、人均非农收入的最大值及最小值。具体数值为人均农业收入最大值为 19512.5 元/人、最小值为 0 元/人，人均非农收入最大值为 35000 元/人、最小值为 0 元/人。

（2）子女抚育

子女抚育主要是指家庭中的父母对于子女的抚养、培养及教育，这一功能是实现社会继替必不可少的保障，子女的抚育功能的实现，对于家庭的未来发展起着重要影响。对于农户家庭的子女抚育状况进行考察，选取的三个指标包括家庭适龄子女入学情况、子女社会医疗保险情况、父母与子女主动沟通交流情况。其中，适龄子女入学情况考察农户家庭 6～15 岁子女是否在校学习，其变量类型为虚拟二分变量，变量取值为 1 时表示子女在校学习，变量取值为 0 时表示该户子女目前辍学。在对于变量进行赋值时，发现 6～15 岁年龄段少儿中有 4 名 6 岁少儿未入学，推测主要由于年龄原因未能入学，因此，未将这 4 名少儿的状态视为辍学。

农户子女社会医疗保险状况变量主要反映 6～15 岁少儿是否参加了社会医疗保险，应为虚拟二分变量，但进行具体观察时发现，有的农户家庭有 1 名子女、有的农户家庭有 2 名子女。对于 2 名子女的家庭，出现了多种情况，包括 2 名子女都参加了社会医疗保险，2 名子女都未参加社会医疗保险，2 名子女其中 1 人参加社会医疗保险，另 1 人未参加。因此，在进行变量赋值时，将该变量视为连续型变量，即：子女都参加医疗保险，赋值为 1；都未参加，赋值为 0；1 人参加 1 人未参加，赋值为 0.5。赋值后观察，该变量最大值为 1，最小值为 0。

父母与子女主动沟通交流状况主要根据访员对家庭情况的判断进行回答，包括五项不同程度的选项：十分同意——赋值为 5，同意——赋值为 4，中立——赋值为 3，不同意——赋值为 2，十分不同意——赋值为 1。因此，该变量最大值为 5、最小值为 1。

（3）老人赡养

老人赡养是家庭之中下一代对上一代的供养与帮助，体现了家庭代际关系中的义务与责任。对于家庭中的老人赡养状况进行测度，主要通过子女为老人提供经济帮助、家务帮助两个变量进行。这两个变量均为虚拟二分变量，如果子女为老人提供了该项帮助，赋值为 1；如果子女未能为老人提供该项帮助，赋值为 0。

（4）家庭关系

家庭关系是家庭生活幸福的基础，和谐、互助的家庭关系会使得家庭成员精神愉悦，获得极大的满足感。本书主要从家庭中的长幼关系、性别关系考察家庭关系状况，在进行评价时，主要采用访员观察、打分的方式进行，最低分为 1 分，最高分为 7 分，分别代表权威——平等间的强弱程度。因此，该变量为虚拟定性变量，变量最大值为 7，最小值为 1。

（5）闲暇生活

随着生活条件的改善，人们对休闲和娱乐的要求也越来越高，个人可以通过休闲活动获得效用，对于家庭福利的提升也起到了关键作用。对于闲暇生活的评价主要通过闲暇时间进行。成人问卷中对于工作日、休息日平均每天的休闲时间进行了调查，且该变量为连续型变量。对家庭闲暇时间进行计算时，首先对个人的工作日、休息日的休闲时间取均值，再根据每位家庭成人成员的闲暇时间进一步计算家庭平均闲暇时间。经过计算，该变量的最大值为 10.83 小时，最小值为 0 小时。

5.5 农户总体福利测度

根据以上模糊评价方法并结合所选取的评价指标，对于农户家庭总体福利指数进行了测算，结果如表 5-1 所示。测算结果显示，农户家庭总体福利值为 0.287，总体福利水平较低，还未达到 0.5 的一般福利水平。从各项功能性活动的隶属度情况来看，农户家庭总体在家庭关系、子女抚育两个方面处于较好的福利状态，其隶属度分别为 0.712、0.546，超过 0.5 的一般福利水平，这说明从农户家庭功能来看，总体农户家庭成员之间和谐度较高，家庭关系良好。另外，农户家庭对于子女的抚育较为重视，对于子女的教养投入较多。除此之外，农户家庭在老人赡养、闲暇生活两方面的功能上福利水平稍低，两项功能性活动的隶属度分别为 0.287、0.324，福利指数基本在 0.3 左右，这说明农户家庭对于老人赡养方面重视不够，老人从家庭之中得到的福利有限。另外，农户闲暇生活质量不高，还未能从闲暇生活中获得满足。综合考察反映农户家庭福利的五项功能性活动，家庭经济活动的福利状态最差，其隶属度指标只达到0.123，这说明目前农户经济收入还处于较低水平，贫富差距较大，较低的收入水平直接导致农户家庭总体福利水平较低，也直接影响了农户家庭其他功能性活动福利水平的提升。

进一步对于功能性活动的相关指标进行分析：①反映家庭经济水平所引入的人均农业收入、人均非农收入两项指标，其隶属度分别为0.117、0.130，这说明比较来看，农户在非农收入上的福利状态要好于农业收入的福利状态，非农收入的提高能够带给农户更大的效用。②从子女抚育功能来看，适龄子女入学情况的隶属度最高，为0.984，而子女社会医疗保险情况、父母与子女主动交流情况的隶属度分别为0.483、0.631，利用这3个指标分别反映父母对于子女的教育态度、健康关注及精神关怀，结果显示农户家庭对于子女的教育最为关注，这一指标的福利状态最好，精神关怀的福利状态也较好，对比来说，家庭对于子女的健康关注较低。③在老人赡养方面，主要从子女对于老人的经济支持以及日常帮助两个方面对于福利状态进行考察，对比来看，老人从子女得到的经济支持福利要高于日常帮助福利，两个指标的隶属度分别为0.345、0.244，这反映了子女对于父母的赡养行为更多地表现在经济方面，而对于父母的日常关心方面所做还不够。④从家庭关系方面来看，农户总体家庭关系福利状态与其他功能性活动相比是最好的，无论是从家庭的长幼关系还是从家庭的性别关系来看，其隶属度都较高，分别为0.708、0.716，对比来看，家庭之中性别间的福利状态好于长幼间的福利状态，家庭性别之间的关系更为平等，而长幼间呈现更为权威的状态。

表 5-1　农户家庭总体福利状况的模糊评价指数

功能性活动及指标	变量类型	隶属度	权重
家庭经济		0.123	2.093
人均农业收入	C	0.117	2.146
人均非农收入	C	0.130	2.041
子女抚育		0.546	0.606
适龄子女入学情况	Q	0.984	0.016
子女社会医疗保险情况	C	0.483	0.728
父母与子女主动交流	Q	0.631	0.462
老人赡养		0.287	1.248
子女为老人提供经济帮助	Q	0.345	1.066
子女为老人提供家务帮助	Q	0.244	1.412
家庭关系		0.712	0.340
长幼间关系	D	0.708	0.346
性别间关系	D	0.716	0.334
闲暇生活		0.324	1.127
闲暇时间	C	0.324	1.127
总模糊隶属度	—	0.287	—

注：变量类型中，C 表示连续型变量；D 表示虚拟定性变量；Q 表示虚拟二分变量。

5.6　不同人力资本农户福利的测度

根据森的可行能力理论，福利在生产的过程中，个体的特征、社会状态差异等很多因素对于商品、服务向福利的转换产生影响，森将这些影响因素称为"转换因素"。转换因素不直接产生福利，但在森的能力方法中它们却扮演着重要角色，它们可以促进或阻碍商品向功能性活动的转换。也就是说，相同的资源在不同的状况下对于不同的人来说具有不同的意义。森在分析个人可行能力时将转换因素分为五种类型，即个人的异质性、环境的多样性、社会氛围的差异、人际关系的差别以及家庭内部的分配（森，2002）。可行能力方法的优点之一就在于基于转换因素，可以反映将商品向功能性活动转换过程中的种种差异。本书在研究农户福利水平时，同时考察不同转换因素下农户福利水平之间的差异。由于本书主要针对农户家庭福利进行关注，因此，考虑家庭功能实现的条件，在选取转换因素时，选择不同家庭人力资本条件反映家庭的异质性，将家庭人力资本作为"转换因素"对农户福利指标进行测度。反映不同农户家庭的人力资本状况，主要从受教育水平、健康、就业迁移三个方面进行测度，一般来说，受教育程度越高、健康水平越高的个体，对于福利有着越高的要求，而在就业迁移方面，家庭之中有着非农就业的经历、从事非农产业的人数越多，家庭收入一般也就越高，对于家庭福利的取得也会产生明显影响。

根据前文针对农户人力资本进行分类的结果，将样本分为高人力资本农户、中等人力资本农户、低人力资本农户。在农户人力资本分类的基础上，计算各类人力资本农户家庭福利状况的模糊评价结果，计算过程中隶属度的计算方法、功能性活动及指标的选择、权重的确定以及变量赋值、最大值、最小值的取值方法与前文相同，最终对于不同人力资本农户福利水平进行测算，计算结果如表 5-2 所示。

表 5-2　不同人力资本农户家庭福利状况的模糊评价结果

功能性活动及指标	高人力资本农户		中等人力资本农户		低人力资本农户	
	隶属度	权重	隶属度	权重	隶属度	权重
家庭经济	0.141	1.956	0.131	2.030	0.104	2.263
人均农业收入	0.117	2.146	0.125	2.083	0.112	2.185
人均非农收入	0.171	1.766	0.138	1.977	0.096	2.342

（续）

功能性活动及指标	高人力资本农户		中等人力资本农户		低人力资本农户	
	隶属度	权重	隶属度	权重	隶属度	权重
子女抚育	0.588	0.530	0.513	0.667	0.534	0.627
适龄子女入学情况	1.000	0.000	0.973	0.027	0.978	0.022
子女社会医疗保险情况	0.538	0.620	0.444	0.811	0.466	0.763
父母与子女主动交流	0.666	0.407	0.597	0.515	0.623	0.473
老人赡养	0.342	1.073	0.271	1.307	0.272	1.304
子女为老人提供经济帮助	0.385	0.956	0.348	1.056	0.329	1.113
子女为老人提供家务帮助	0.308	1.179	0.217	1.526	0.229	0.229
家庭关系	0.750	0.288	0.681	0.383	0.702	0.354
长幼间关系	0.749	0.289	0.667	0.405	0.701	0.356
性别间关系	0.750	0.288	0.698	0.359	0.704	0.352
闲暇生活	0.342	1.072	0.335	1.094	0.305	1.189
闲暇时间	0.342	1.072	0.335	1.094	0.305	1.189
总模糊隶属度	0.313	—	0.290	—	0.268	—

　　计算结果发现，不同人力资本农户家庭福利状况也存在着一定差异，总体来看，人力资本与家庭福利之间存在着正相关关系，即人力资本越高的农户，其家庭福利水平也就越高，高人力资本农户、中等人力资本农户、低人力资本农户计算所得隶属度分别为 0.313、0.290、0.268。

　　具体来看，不同人力资本农户的功能性活动及其具体指标的福利水平也存在着差异：

5.6.1　家庭经济

　　从家庭经济活动来看，高人力资本农户的家庭经济福利水平（0.141）要高于中等人力资本农户（0.131），低人力资本农户的福利状况最差（0.104）。对于具体指标进行分析，高人力资本农户在非农收入上的福利状况（0.171）远好于农业收入上的福利状况（0.117），而中等人力资本农户的农业收入福利（0.125）与非农收入福利（0.138）相差不大，低人力资本农户非农收入福利（0.096）要低于农业收入福利（0.112）。横向比较来看，各不同人力资本农户在农业收入上的福利状况相差并不明显，最高的福利水平（0.125）也仅比最低的福利水平（0.112）低了0.013。而在非农收入福利上，最高的福利水平（0.171）要比最低福利水平（0.096）高0.075。由此可以看出，不同人力资本农户在家庭经济上的不同福利状态主要由于非农收入的差距所引起，提高家庭非农收入是提升家庭经济福利的有效手段。

5.6.2　子女抚育

在子女抚育方面，高人力资本农户、中等人力资本农户、低人力资本农户隶属度分别为0.588、0.513、0.534，说明高人力资本农户在子女抚育上的福利高于低人力资本农户，而中等人力资本农户子女抚育方面的福利状态最差。从该功能性活动所包含的指标分析来看，高人力资本农户、中等人力资本农户、低人力资本农户在适龄子女入学指标上的隶属度分别为1、0.973、0.978，即高人力资本农户子女教育福利最高，其次为低人力资本农户，最差为中等人力资本农户。另外，从代表父母对于子女健康关注的另一个指标——子女社会医疗保险情况来看，高人力资本农户这一指标隶属度为0.538，超过了0.5，表明高人力资本农户对于子女的健康关注较好；而低人力资本农户次之，其隶属度为0.466；中等人力资本农户这一指标隶属度最低，为0.444。因此，农户家庭子女在父母对其健康关注所获得的福利与上一指标呈现相同的趋势，中等人力资本农户在这方面所获得的福利最低。最后，在农户家庭中父母对于子女的精神关怀方面，利用父母与子女主动交流情况进行反映，其结果同样表现为高人力资本农户隶属度最高（0.666），其次为低人力资本农户（0.623），最低为中等人力资本农户（0.597）。因此，从上述三个方面来看，高人力资本农户对于子女的抚育更为重视，这类家庭中的子女也更能够从中获得较高的福利；而中等人力资本农户在这方面的关注更为淡漠，甚至不能达到整体受教育水平更低的低人力资本农户的水平。

5.6.3　老人赡养

在老人赡养方面，无论是高人力资本农户、中等人力资本农户还是低人力资本农户，其整体福利水平都偏低，其隶属度分别为0.342、0.271、0.272。并且可以看出，农户家庭在老人赡养方面所表现出的特征与上一功能性活动——子女抚育基本相同，即高人力资本农户老人在赡养方面所获得的福利最高，其次为低人力资本农户，最差为中等人力资本农户。从具体指标来看，在对老人提供经济帮助方面，高人力资本农户、中等人力资本农户、低人力资本农户对应的隶属度分别为0.385、0.348、0.329，表现为高人力资本农户福利最高，其次为中等人力资本农户、低人力资本农户。这一结果和前文所述不同人力资本农户家庭经济差异直接相关，人力资本越高的农户，其经济收入也就越高，也就更有能力为家中老人提供经济支持。在子女为老人提供家务帮助这一指标上，高人力资本、中等人力资本、低人力资本农户其隶属度分别为0.308、0.217、0.229，即高人力资本农户在这方面获得的福利最高，其次为低人力资本农户，再次为中等人力资本农户。这一指标说明，高等人力资本农户不仅能够在经济方面对于家中老人提供帮助，在日常生活中也能为父母提供实质性帮助。而中等人力资本农户尽管在经济方面能够为父母提供一定帮助，但在生活中，对于父母的生活关注还是偏低，老人总体获得的福利相对来说最低。

5.6.4　家庭关系

在家庭关系方面，不同人力资本农户的家庭氛围及关系都较为和谐，高人力资本农户、中等人力资本农户、低人力资本农户在家庭关系方面的隶属度分别为 0.750、0.681、0.702，均超过 0.5。比较来看，高人力资本农户的福利状况最高，其次为低人力资本农户、中等人力资本农户。具体分析来看，在家庭长幼关系上，高人力资本农户、中等人力资本农户、低人力资本农户其隶属度分别为 0.749、0.667、0.701，福利状况最好的是高人力资本农户，其次为低人力资本农户、中等人力资本农户。在家庭性别关系上，其表现状态与上一指标相同，即高人力资本农户、中等人力资本农户、低人力资本农户隶属度分别为 0.750、0.698、0.704，还是呈现高人力资本农户福利状态最好、低人力资本农户次之，最差为中等人力资本农户的特点。因此，从以上两个指标的分析结果可以看出，高人力资本农户家庭成员之间关系更为平等，家庭氛围更为宽松，而中等人力资本农户在长幼及性别关系上均表现出权威性更强的特征。

5.6.5　闲暇生活

不同人力资本家庭在闲暇生活方面获得的福利均停留在较低水平。从闲暇时间来看，高人力资本农户、中等人力资本农户、低人力资本农户的隶属度分别为 0.342、0.335、0.305，均未达到 0.5。通过隶属度数据可以看出，人力资本越高的农户，其闲暇生活的福利越高。

5.7 本章小结

本章共分为六大部分，主要对于农户的总体福利状况以及不同人力资本水平下的农户福利状况进行了测度。

第一部分为模糊评价理论框架，主要介绍了模糊评价方法的基本原理。

第二部分为农户福利隶属函数的确定，主要介绍了在进行农户福利评价时，隶属度函数的确定方法，以及计算具体农户福利的隶属度时，涉及的变量类型、不同类型变量隶属度的计算公式。

第三部分介绍了权重的确定方法及隶属度的汇总过程。在计算隶属度时，权重的赋值对于计算结果有着重要影响，因此，本部分主要介绍了确定权重的不同方法，以及在计算农户福利时，所选择的权重计算公式。在此基础上，介绍了在农户福利测算时，各级隶属度指标的计算过程及最终汇总方法。

第四部分介绍了进行农户福利测定时所构建指标体系及相关变量的取值。在这部分中，结合森的可行能力理论和家庭功能理论，确定了测定农户福利的功能性活动以及相关指标，即主要从家庭经济、子女抚育、老人赡养、家庭关系、闲暇生活五个方面的功能性活动反映农户家庭福利。在每个功能性活动中，确定了反映该活动的 1~3 个指标，并介绍了相关变量的赋值及计算方法。

第五部分介绍了农户总体家庭福利的测度结果。基于前几部分理论基础，根据具体数据，对于辽宁省农户家庭总体福利状况进行了测定。结果显示，总体农户家庭福利水平不高，还未达到一般福利水平。另外，对于各功能性活动分别进行测算发现，在几项功能性活动中，农户家庭经济福利相对最低，这也是造成农户总体福利提升的最大阻碍，低水平的经济福利，也会妨碍农户其他非经济福利的取得。在所测定的几项非经济福利中，家庭关系、子女抚育两项活动福利较好，超过一般水平，说明农户家庭总体气氛较为融洽，成员关系和谐，并且农户对于子女的抚育较为重视，投入了较多的时间、精力。除这两项功能性活动之外，老人赡养、闲暇生活两项活动福利较低，还有较大的提升空间。

第六部分主要从人力资本角度，对于不同人力资本下的农户福利水平进行了测定。结果显示，人力资本和家庭福利之间呈现正向变动关系，人力资本越高的农户，其家庭福利水平也随之提升。具体来看，在不同的功能性活动上，其家庭福利也会呈现出不同的趋势。这表现在：在家庭经济福利上，人力资本所带来的效用非常明显，人力资本越高的农户，其家庭福利也就越高，尤其在家庭非农收入上，这种差异更为显著。在子女抚育上，不同人力资本水平的农户也呈现出一定的福利差异，高人力资本农户对于子女的抚育最为关注，投入了更多精力，福利效果更为明显；其次为低人力资本农户，而中等人力资本农户在这方面所取得的福利最低。在老人赡养上，也呈现出相同的趋势，不论是对于老人的经济支持还是日常照料，高人力资本农户老人的福利状况最好，其次为低人力资本农户，中等人力资本农户效果较差。从家庭关系来看，各人力资本水平农户的家庭关系福利水平都较高，对比来说，高人力资本农户的家庭关系更为融洽，不论是在长幼关系还是性别关系上，都更为平等；其次为低人力资本农户，最差为中等人力资本农户，其家庭关系相对来说呈现出更为权威，而不是平等的状态。最后，在闲暇生活上，表现为人力资本越高的农户，其闲暇时间越多，整体闲暇生活质量越好。

第 六 章

人力资本对农户福利
影响的实证分析

在第五章中，对于农户总体福利水平、不同人力资本水平下的农户福利水平分别进行了测度，并且发现，随着人力资本的提升，农户总体福利呈同向变动趋势，另外，不同人力资本水平的农户在不同家庭功能性活动的福利水平呈现出一定差异。本章在此测度基础上，进一步分析构成人力资本的各项因素对于农户福利水平的影响情况。

6.1 变量的选取与数据处理

6.1.1 农户福利相关变量的选择

本书在第五章进行农户福利测度时，主要从经济福利、非经济福利两个方面对于农户总体福利水平进行了测度。经济福利主要从家庭经济，即家庭农业收入、非农收入两个变量进行测度；非经济福利主要研究了子女抚育、老人赡养、家庭关系、闲暇生活四个方面的内容，在这四项内容中，每项内容又分别选择 1～3 个变量进行具体测度。

在本章研究中，对于反映农户福利的变量进行了进一步选择。对于农户进行观察发现，部分农户存在家中未有 0～15 岁少儿情况，且部分农户存在家中未有 60 岁以上老人的情况，因此，在子女抚育、老人赡养这两项内容中，存在部分农户数据缺失的问题，如将这两部分数据全部剔除，会造成样本量的大量流失，为保证样本容量，且家庭非经济福利还可以从其他方面进行反映，因此，在进行计量分析时，将子女抚育、老人赡养这两部分内容进行剔除。剔除后，对于农户福利进行分析时，还是从经济福利、非经济福利两个方面进行，经济福利依然从家庭经济角度进行测度，而非经济福利包括两项内容，即家庭关系及闲暇生活。

对于具体变量选择来说，经济福利从家庭人均农业纯收入、家庭人均非农收入两个变量进行测度。非经济福利中的家庭关系从两个变量进行反映，包括长幼间的关系、性别间的关系；闲暇生活主要从家庭平均闲暇时间这一变量进行测度。

6.1.2　农户福利变量的数据处理

为进一步进行人力资本与农户福利之间关系的探讨，对每个农户的福利状况进行评价。在进行个体农户福利评价时，由于农户福利由不同功能性活动体现，且每项功能性活动由若干不同指标进行反映，在第五章中，进行农户总体福利的测度时，已将每个农户每个指标的隶属度结果进行了计算，因此，需要对于这些指标进行汇总处理，对于每个农户进行综合测评。要实现这一过程，可以选择两种方法：一种方法为层次分析法。这一方法是在专家打分的基础上，进一步进行数学处理获得相应指标权重，之后针对每个指标隶属度的值进行加权计算，进而计算得出每名农户的总体福利指数。这一方法的主观随意性较强。另一种方法为因子分析法。这一方法在多元统计分析中，经常用于对于信息的降维处理，这一原理的思想是将多变量信息进行归纳，总结为少数几个相互无关的综合变量以反映原来数据的大部分信息。由于此类方法对于人的主观判断依赖较少，因此，其客观性较强。

本书在进行因子分析时，主要完成以下内容：

（1）在第五章分析的基础上，选择反映农户福利的功能性活动以及相关变量做为原始变量。

（2）对原始变量进行处理、检验。由于第五章在进行农户福利测度时已经对于相关变量数据进行了标准化处理，计算得出了每个农户福利的隶属度，因此，在本章之中主要是对其进行适用性检验，以确定所选择的原始变量、原始数据是否适合于进行因子分析。本研究主要应用 KMO 检验及 Bartlett 球形度检验，KMO 检验是用于比较观测相关系数值与偏相关系数值的一个指标，其取值为 0~1，KMO 值越接近 1，表现原始变量相关性越强。Kaiser 给出了一个度量标准，即 $0.5 < KMO < 1$ 的区间内都可以做因子分析，且越大越适合作因子分析，当 $KMO < 0.5$ 时不适合做因子分析。Bartlett 的球形度检验相关系数矩阵是否为单位阵，如果是，则表明不适合采用因子模型。

（3）如果经过检验原始数据适合进行因子分析，则最终计算出每个农户福利隶属度值的综合得分。综合得分由每个因子变量的得分加权求和而得，其中权数为各提取的公因子方差贡献率占所有提取的公因子累积方差贡献率的比例。

根据农户各项变量计算隶属度值，并利用 SPSS 软件进行因子分析，结果发现对于原始数据的检验结果可以通过 KMO 检验及 Bartlett 球形度检验，检验结果见表 6-1。

表 6-1 因子分析 KMO 和 Bartlett 检验

KMO and Bartlett's Test		
Kaiser-Meyer-Olkin Measure of Sampling Adequacy.		0.541
Bartlett's Test of Sphericity	Approx. Chi-Square	436.499
	df	10
	Sig.	0

KMO 检验值为 0.541＞0.5，且 Bartlett 检验结果为 0＜0.001，说明数据适合进行因子分析。

在此基础上，根据因子分析所得方差贡献率作为权数，加权得出每个农户福利的综合隶属度。各项变量的权数如表 6-2 所示。根据因子分析给出的权数，在农户福利测定的变量中，经济福利的权重还是占到了绝对优势，其中，人均农业纯收入的权重为 38.84%，人均非农收入的权重占 21.21%。在非经济福利变量中，长幼间关系所赋权数为 20.43%，性别间关系所赋权数为 15.46%，闲暇时间所赋权数为 4.06%，所赋权数结果与实际经济规律吻合。

表 6-2 农户福利变量权数

农户福利测度变量	各因子特征值	方差贡献率（%）	向上累计结果（%）
人均农业纯收入	1.942	38.843	38.843
人均非农收入	1.061	21.211	60.054
长幼间关系	1.021	20.427	80.481
性别间关系	0.773	15.464	95.945
闲暇时间	0.203	4.055	100

6.1.3 人力资本相关变量的选择与数据处理

本书在进行农户人力资本水平进行分类时，主要从教育水平、健康状况、就业迁移三个方面进行研究。本章在考察人力资本对于农户的影响时，还是从这三方面反映农户人力资本情况。具体来说，选择农户劳均受教育年限作为反映农户教育水平的变量；进行健康状况测度时，第五章选择了两个指标反映农户总体健康水平，包括访员对于劳动力的健康评分及受访者对于健康的自评分，在本章进行分析时，为避免变量之间出现共线性问题，将这两项内容进行合并，采取根据两项得分计算平均分的办法，得出劳动力健康的平均得分；对于农户的就业迁移状况的反映，选择了两个变量：其一为农户外出务工人数，其二为农户劳动力的平均外出时间。

6.2 人力资本对于农户福利影响的计量检验

为进一步分析人力资本各要素对于农户福利的影响情况，本书进行了回归分析，拟建立的计量回归模型为：

$$Y_i = \beta_0 + \beta_1 X_1 + \beta_2 X_2 + \beta_3 X_3 + \beta_4 X_4 + \mu_i \quad (6\text{-}1)$$

式中，X_i 为一系列人力资本变量，主要包括 X_1 为农户劳均受教育年限，X_2 为农户平均健康得分，X_3 为农户外出务工人数，X_4 为劳动力外出务工时间；Y_i 为农户福利指数。回归分析结果如表 6-3 所示。

表 6-3   回归分析结果

解释变量	回归系数	T 值
农户劳均受教育年限	0.028**	2.284
农户平均健康得分	0.263***	8.854
外出务工劳动力人数	−0.106*	−1.719
劳动力外出务工时间	0.016*	1.66
常数项	−1.464***	−9.501

注：***表示回归系数的 t 统计量在 1% 的水平上显著，**表示回归系数的 t 统计量在 5% 的水平上显著，* 表示回归系数的 t 统计量在 10% 的水平上显著。

根据回归结果，可得到以下结论：

（1）在所引入的人力资本变量中，健康对于农户福利的影响最为显著，且回归系数的结果为正数，说明健康与农户福利呈现正向变动关系

健康对于农户的经济福利、非经济福利所产生的正向效应非常明显，对于农村居民来说，农户劳动力的健康水平对于家庭的收入、稳定起到了非常重要的作用。一方面，从我国农村目前的农业生产情况来看，农业生产活动对于农民的健康要求并不高，因此，在农户劳动力达到基本健康的前提下，农民一般能够开展农业生产活动，保证农户维持基本的生活水平；在农户劳动力健康较好时，才具有进行非农经营、外出务工的能力，通过这一方式，能够使农民收入提高，进而提升农户的经济福利；另外，在目前农户收入水平较低的状况下，如果农户劳动力健康状况出现问题，在面临慢性病、大病、重病的情况下，农户"因病返贫"的情况屡见不鲜，这会使得农户较低的收入水平雪上加霜，降低农户的经济福利。另一方面，农户劳动力是家庭的收入来源与经济支柱，农户劳动力的健康状况，同样也影响了农户非经济福利的取得。健康的体魄是进行正常生活、开展正常生产活动的基础，在健康状况不佳的情况下，个人无法享受享受人生的所有乐趣，尤其在农户的劳动力出现健康问题时，对于农户家庭总体幸福感的取得会产生直接影响，降低农户家庭整体生活质量。

（2）受教育水平也是影响农户福利的另一个关键因素，且受教育水平与农户福利呈现同方向变动趋势

受教育水平是构成人力资本水平的最核心因素，教育水平对劳动力素质的提升起到了最为关键的作用。一方面，从经济福利来看，劳动力教育水平在提高生产效率、增加收入水平方面的正向作用已被学术界广泛认可。随着知识水平的提高，农村劳动力能够更加科学、有效地开展农业生产活动，提高家庭农业收入；另外，随着劳动力受教育水平的提高，其非农就业能力也得到了提升，更有能力开展非农生产活动，能够从事技术性更强的生产、经营，大大增加了外出务工、开展非农生产活动的机会，通过一这方式，增加了家庭的非农收入，提高了家庭的经济福利水平。另一方面，随着劳动力受教育水平的提升，个人素质及个人修养也会得到相应提高，这使其更注重家庭和谐气氛的营造，具备更强的与家庭成员之间的沟通与协调能力，家庭成员之间的关系更为民主、平等，家庭成员在家庭之中能够获得更高的安全感，对于家庭的归属感更加强烈，这些都会提高家庭成员的幸福指数，最终提高家庭整体的非经济福利。

（3）劳动力的外出务工人数对于家庭福利有着负向影响

劳动力外出务工行为会对家庭福利产生影响，这种影响表现在正向效应上，同时也表现为一定的负向效应。一方面，从经济福利来看，家庭成员的外出务工行为提升了家庭的经济收入，因此，农户家庭之中外出务工的人数越多，家庭收入的提高效果也就越为明显，家庭经济福利也会随之上升。另一方面，家庭成员，尤其是家庭劳动力的外出务工行为，对于家庭的非经济福利所产生的负向效应也十分明显。劳动力的外出务工，会使其在家庭中的角色造成缺失，影响家庭功能的实现，在子女抚育、老人赡养以及家庭关系方面，都会产生一定的负向效应。随着家庭之中外出务工的人数增加，越来越多的家庭成员降低了其在家庭之中所承担的责任，而相应的，这部分责任就会转移到家庭未外出的其他成员上。例如，家庭之中丈夫的外出务工，会使得家中的妻子同时扮演父亲、母亲两种角色，承担着更大的完成子女教育、老人赡养包括家庭生产的压力；而家庭之中的丈夫、妻子同时外出，家庭功能的实现，可能只能依靠家中老人、甚至家中的长子、长女完成，造成了目前农村中普遍存在的"留守妇女""留守儿童"等现象，这种现象的存在，极大地影响了农户家庭非经济福利的取得，对总体福利产生一定影响。因此，从农户劳动力外出人数来看，其对于农户福利的取得既存在着正向效应，也存在着负向效应，这种正向效应更为明显，还是负向效应更为明显？从最终回归系数来看，农户劳动力外出务工的人数越多，其农户总体福利越低，其表现为负向变动关系，这说明农户劳动力外出务工使得经济福利得到的提升可能未能抵消其非经济福利的损失，使得总体家庭福利下降。

（4）劳动力外出务工时间对于农户福利存在影响，且与农户福利呈现正向变动关系

劳动力的外出务工时间，同样对于农户福利产生一定影响，这种影响体现在经济方面，也可能体现在非经济方面。一方面，从经济福利来看，劳动力外出务工时间越长，可能说明其具有较好的外出就业能力，这体现在其外出务工行为更为稳定，相对流动性较差，较少出现"打零工""打短工"的现象，因此，其收入也就更有保障，这种外出务工行为对于家庭经济福利提升所起到的作用也就更为明显。另一方面，从非经济福利来看，劳动力的外出务工时间对于非经济福利一般产生负向作用，劳动力的外出务工时间越长，其对于家庭的归属感就越差，对于家庭成员的感情可能越为冷淡，长期在家庭关系中的缺位，会使其自动减少甚至可能逃避家庭责任感，最终对于夫妻关系、亲子关系产生影响，使其家庭非经济福利降低。以上这两种正向效应、负向效应同时交织，产生作用，从最终回归结果来看，劳动力外出务工时间对于家庭经济福利所产生的影响更为明显，这种家庭经济福利的提升抵消了家庭非经济福利的降低，最终使家庭总体福利水平得到提升。

6.3 本章小结

本章共分为两部分，主要在第五章对农户福利状况测度的基础上，对于人力资本构成要素对于农户福利产生的影响进行了实证分析。

第一部分介绍了变量的选取及数据的处理。这部分中，主要从农户福利、人力资本两个方面，分别介绍了反映农户福利所选取的变量及原因，并采用因子分析法对于每名农户的福利水平进行了测度，形成模型的被解释变量。另外，从受教育水平、健康状况、劳动力的流动迁移三个方面，选择了四个指标作为研究的解释变量。

第二部分主要应用线性回归模型，对于变量进行了回归分析。回归结果显示，人力资本的四个构成要素均对农户福利影响显著。首先，健康是最为显著的解释变量，且健康水平与农户福利呈现正向变动关系。劳动力健康水平的提高，无论从经济福利还是非经济福利角度，都会对于农户福利产生正向影响。其次，受教育水平与农户福利的关系也较显著，其二者关系也表现为正向变动关系。受教育水平提高，同样会提升劳动力素质，提高其就业能力，进而提高农户经济福利水平；另外，受教育水平的提高，对于非经济福利也会产生正向影响，这表现在更为重视家庭生活质量，与家庭成员沟通协调能力更强等。再次，劳动力外出务工人数对农户福利影响显著，且呈现负向变动关系。这表现在外出务工人数的增加，使家庭经济福利得到提高；而家庭过多成员在家庭关系中的缺位，又使得农户家庭非经济福利下降。这两种作用相互影响，最终造成农户家庭外出务工人数越多，其农户福利越低的结果。最后，劳动力外出时间对农户福利影响显著，且呈现正向变动关系。这表现在劳动力外出务工时间越长，说明其就业稳定性越好，对于家庭经济福利带来的正向效果越稳定；而劳动力外出时间越长，同样也会影响家庭的非经济福利，造成家庭关系冷漠，家庭责任的回避，使得非经济福利下降。而这两种效果同时作用，回归结果显示，劳动力外出务工时间与农户福利呈现同向变动关系。

第七章

结论与政策建议

7.1 研究结论

本书利用北京大学中国社会科学调查中心所进行的中国家庭追踪调查项目的辽宁省农户入户调查数据，应用聚类分析、统计分组以及模糊评价的方法，对于不同人力资本水平下的农户福利状况进行了分析。最终研究结论包括：

（1）农村劳动力整体人力资本水平较低

农村劳动力素质的提升对于增加家庭收入，提高农业生产力，农业现代化的实现均有着重要影响。本书以农户为单位，对于农户劳动力的人力资本进行了分类与比较，主要从教育水平、健康状况及就业迁移状况三个方面，选择了七个指标对于人力资本进行了聚类分析，最终将农户按照人力资本存量分为高人力资本农户、中等人力资本农户及低人力资本农户。对于分组结果进行分析发现，目前农村劳动力整体人力资本水平较低。这表现在：首先，整体农村家庭中，低人力资本农户所占比例最高，占全部农户的 43.45%，其余中等人力资本农户占25.78%，高人力资本农户占 30.77%。这种比例关系情况来看，劳动力的总体人力资本水平不高。其次，通过对于不同人力资本农户的样本特征分析发现，农户家庭劳动力平均受教育年限、农户家庭劳动力的外出务工情况是形成人力资本差异的最主要原因。按照农户劳动力平均受教育年限来看，越高人力资本的农户其劳动平均受教育年限也越多。其中，高人力资本农户、中等人力资本农户及低人力资本农户劳动力的平均受教育年限分别为9年、8年、6年。从这一数字我们也可以看出，尽管我们将农户按照人力资本高低进行了划分，但高人力资本农户劳动力的平均受教育年限也只有9年，平均仅仅完成了义务教育，而对于所占比例最大的低人力资本农户来说，其劳动力平均受教育年限只有6年，仅达到了小学毕业水平。因此，从以上数据可以看出，农村劳动力的整体教育水平还停留在较低层次。

（2）不同人力资本农户的就业特征存在较大差异

从劳动力的就业迁移状况来看，中等人力资本农户家庭都有着外出务工成员与经历，其区别只在于人数多少，而高人力资本农户无外出工作人员的比重占到了总户数的90%以上，低人力资本农户无外出工作人员的比例将近90%。另外，从各不同人力资本农户外出工作的平均时间来看，高人力资本农户外出劳动力的年平均外出工作时间为4个月，低人力资本农户外出劳动力的年平均外出工作时间为3个月，比较来看，中等人力资本农户外出劳动力在外工作时间最长，年平均达到9个月。对此进行的进一步分析发现，高人力资本农户具有较强的本地就业能力，多数劳动力在当地从事较为稳定的职业，而低人力资本农户劳动力受教育水平偏低，其外出就业能力较差，大部分劳动力在当地从事传统农业生产，对于中等人力资本农户来说，其劳动力受教育水平相对较高，具有较强的外出就业能力，因此，相当比例的劳动力通过离家工作的方式实现了劳动力的转移，提高了家庭收入。

（3）人力资本的增加对于农户福利的提升作用明显

通过研究发现，不同人力资本水平的农户其家庭福利存在差异，且随着人力资本的增加，其农户福利也随之提升。本书在研究时，将农户福利分为两大部分：经济福利与非经济福利。经济福利主要体现了农户的生产、收入状况，主要从农户收入角度进行测定；非经济福利主要体现了农户除经济功能之外的其他功能性活动的实现情况，本书主要从四个方面进行了研究，即子女抚育、老人赡养、家庭关系以及闲暇生活，在进行每项功能性活动测定时，选取了 1～3 个指标作为该功能性活动的测度指标，采用模糊评价的方法，发现不同人力资本水平农户的家庭福利存在差异，具体来说，高人力资本农户家庭福利的模糊评价结果为 0.313，中等人力资本农户福利的模糊评价结果为 0.290，低人力资本农户福利的模糊评价结果为 0.268，从以上数据可以看出，人力资本与农户福利呈现同方向变动关系，农户劳动力的平均人力资本水平越高，其整体家庭福利水平也就越高，人力资本的提升，可以带来农户总体福利的增加。

（4）收入水平偏低是造成农户福利较低的重要原因

从最终不同人力资本农户福利的测度结果来看，高、中等、低人力资本农户福利的模型评价结果分别为 0.313、0.290、0.268，按照评价标准来看，即使评价结果最好的高人力资本农户其福利水平也还未达到一般福利水平，中等人力资本农户、低人力资本农户的福利水平也就更低。按照不同的功能性活动对于农户福利内容进行分析，农户的总体非经济福利水平较高，而较低经济福利的水平是造成农户总体福利偏低的重要原因。这表现在：高人力资本农户、中等人力资本农户、低人力资本农户经济福利的模糊评价结果分别为 0.141、0.131、0.104，按照评价标准来看，不论哪类人力资本农户，其经济福利都处于较差状态。

在进行经济福利测度时，选用了人均农业收入、人均非农收入两个指标，根据这两个指标的横向比较来看，各不同人力资本农户在农业收入上的福利状况相差并不明显，最高的福利水平（高人力资本农户，0.125）也仅比最低的福利水平（低人力资本农户，0.112）低了0.013。而在非农收入福利上，最高的福利水平（高人力资本农户，0.171）要比最低福利水平（低人力资本农户，0.096）高0.075。由此可以看出，不同人力资本农户在家庭经济上的不同福利状态主要由于非农收入的差距所引起，提高家庭非农收入是提升家庭经济福利的有效手段。

（5）不同人力资本水平农户其在福利内容上存在一定差异

对于进行农户福利测度的功能性活动进行分析，农户的人力资本越高，其经济福利也就越高，但是，对于非经济福利来说，农户人力资本与各项功能性活动指标并未完全体现出同向的变动关系。在子女抚育、老人赡养、家庭关系三个方面，高人力资本农户的福利状况最好，而中等人力资本农户福利状况要低于低人力资本农户。

（6）人力资本构成要素对于农户福利有着显著影响

本书分析了人力资本的四个不同要素（劳均受教育年限、健康评分、劳动力外出务工人数、劳动力外出务工平均时间）对农户福利产生的影响。回归结果发现，这四个因素均对农户福利产生影响，且劳均受教育年限、健康评分、劳动力外出务工平均时间三个因素与农户福利呈现同向变动关系，而劳动力外出务工人数与农户福利呈现反向变动关系。

7.2 政策建议

针对以上对于不同人力资本农户家庭福利的分析结果，本研究提出以下几点提高人力资本水平、提升农户福利水平的措施及建议。

（1）加大农村教育投入，提升农村人力资本水平

本书研究表明，从总体来看，农村人力资本水平依然偏低，且人力资本的提升对于农户福利的提高具有显著影响,这种影响既体现在经济福利,也体现在非经济福利上:随着农户人力资本的提高,其家庭收入显著增加,并且对于后代的教育、老人的关注、闲暇生活的质量都会产生正向影响。而教育水平是形成人力资本的最关键因素,教育水平的提升,直接会引起人力资本的提升,因此,提高农村劳动力的教育状况,对于整体农民福利、农户福利乃至农村整体福利的提升,都会产生明显效果。由此可见,提高农户福利水平,缩小农户福利差距,首先要加大农村教育投入,为每名劳动力提供公正、平等的教育机会,提高人力资本水平,这是提升农户福利的重要途径。本书分析发现,目前农户子女义务教育完成较好,因此,政府应重视农村义务教育与高等教育的衔接,即应进一步重视农村适龄人口的高中、中专、职高教育,加大对于中等教育的投入,普及中等教育。给予部分贫困家庭的学生完成高中教育、特别是完成中等专业教育、中等职业教育的资助,通过这一方式,一方面可以提高农村半劳动力的人力资本水平,为其进入劳动力市场奠定基础;另一方面,也可以为其完成高等教育的提供机会。其次,除加大正规教育投入外,政府还应加强对于农村劳动力的技术、技能培训,提升其就业能力。具体可以根据各地的产业需求、地区差距以及农户的具体需求,有针对性地开展技术培训班、生产培训讲座,采用灵活的方式,提高农民的农业生产技术水平以及非农就业能力,从而提高人力资本水平,提高农户福利。

(2)改善农村医疗卫生状况及生活环境,提高农民健康资本

健康水平是影响人力资本的最为关键因素。因此,农村劳动力的健康水平,尤其是低人力资本农户的健康状况,直接影响了当前或者未来农户福利的获得。对于农村居民来说,当地农村的医疗水平、卫生状况与其生活密切相关，生活环境的改善，医疗水平的提高，能够提高农村居民的健康状况，提升其生活质量。对于政府部门来说，应该持续加大农村地区基本医疗及卫生的投入力度，具体来说，一方面，应继续完善新型农村合作医疗制度，加强农村医疗卫生服务，改善其质量水平。稳步更新乡镇卫生院的硬件设施，加强农村医疗卫生队伍建设，制定人才计划，吸引具有较高水平的医疗专业人才到基层卫生院就业，对于现有医疗服务人员注重培养及培训，建立农村公共卫生人才的稳定机制。另一方面，政府应加大农村建设投入，尤其针对边远农村地区，改善其人居环境，改变农村居民"脏、乱、差"的生活环境，采取建立垃圾管理制度、粪便管理制度、建立水面管护制度等制度化的方式，对于村容村貌进行管理，利用这些方式减少疾病发生，尤其降低严重疾病、传播性疾病的发生概率。

（3）加强农村社会保障体系建设，有效保障农民基本生活

社会保障是保障人民生活、调节社会分配的一项基本制度。从整体来看，农村居民生活水平与城镇居民还存在着很大差距，尤其对于农村之中的弱势群体，其贫困人口占有相当大的比例，因此，提高社会救助与福利制度的覆盖面，完善社会保障制度，对于农村家庭，尤其一些贫困家庭，具有重要意义。具体来说，一方面，完善农村最低生活保障制度，不断提高农村低保的覆盖面。在继续完善农村老人和残障人群的福利制度的同时，逐步建立针对妇女、儿童的福利制度，从而充分发挥社会保障制度的正向调节作用。另外，针对经济、社会发展过程中出现的新问题给予高度关注，例如，关注失地农民、失独人口、空巢老人等农村中新出现的特殊群体的养老保障问题，将这些人纳入社会保障体系，使他们逐步进入到现代社会保障系统之中。另一方面，要加强对于社会保障的监督与管理。也就是说，要完善社会救助与福利目标的瞄准机制，要做到该纳入到保障体系中的人群，不能出现遗漏，而不该纳入保障体系中的人群，也不能出现偏差，即要做到"应保必保""该退必退"。

（4）改善就业环境，提高农村劳动力的当地就业水平

研究发现，中等人力资本农户外出务工情况最为普遍，且外出务工是目前农村中年轻劳动力、具有较高人力资本劳动力的普遍选择，这种外出务工的经历，可以提高家庭的收入水平，对于自身的人力资本也有着继续提升的作用，但是，通过本研究也发现，家庭之中的主要劳动力频繁、长时间的外出务工行为，使得家庭功能的实现受到了一定影响，子女与父母的分离、长期离家的缺位现象，使得相当一部分农户家庭成员关系冷漠，对于家庭的责任感缺失，与家庭缺乏沟通与交流，在提升家庭经济福利的同时，降低了家庭的非经济福利。因此，对于中等人力资本农户来说，当地政府应当提高政策扶持力度，改善就业环境，以吸引农民完成当地就业。具体来说，一方面，在当地发展农业生产的同时，大力发展农业产业化经营。通过延伸产业链条的方式，以农户种养为基础，发展农产品加工业，通过这一方式，将更多的本地富余劳动力吸纳进来。另一方面，通过发展农村的第二、三产业，吸引当地劳动力就业，提高农户收入水平。政府及相关部门应根据当地的区域特征、经济发展特色有针对性地制定优惠政策，通过这一方式吸引企业在当地进行投资，重点发展富有地方特色、经济效益高的产业，在发挥资源优势、地域优势的同时，与外来企业进行优势互补，增加当地的就业机会。

（5）丰富农户的文化娱乐生活，提高农户闲暇生活质量

闲暇生活是现代人生活的重要部分，闲暇生活的水平、质量直接影响着家庭福利的取得。通过研究发现，目前农户闲暇花费较低，虽然有一定的闲暇时间，但所进行的闲暇活动基本还停留在低层次的消遣娱乐型活动上，这些活动虽然能够使人精神放松、取得愉悦感，但是还不能达到通过闲暇活动使个人得到成长、整体素质得到提高的目的。因此，在重视物质生活改善的同时，还需要注意帮助农村居民提升精神生活的质量，尤其是提高中、高人力资本水平农户的业余文化生活质量。具体来说，一方面，政府应加大投入，建设进行娱乐休闲活动的必备场所。有了公共产品的支撑和配套，居民闲暇生活质量也会随之提高。政府所提供的娱乐休闲场所，为农户进行读书、交流等休闲娱乐活动提供了可能，为提升农户的发展性的精神生活提供舞台。另一方面，应积极组织引导农民参与健康向上、寓教于乐、群众性的精神文化活动。农村休闲活动不仅停留在文化、娱乐层次，应与发展层次的休闲活动相互补充，从传统的看电视、听广播等接受型休闲活动向参与型、特色型休闲活动转移，通过这种方式，增强农民的独创性和发展潜力。

7.3　研究不足及展望

本书的不足及以后的研究方向：

（1）本书在进行研究时，主要应用了北京大学社会调查中心的公开数据进行分析，在 2010 年的调查数据中选择了辽宁省近 500 户农户数据，这使得最后的分析结果带有一定地域的限制，使得研究结果可能带有一定地域文化、习俗特征，在今后的研究中，可以尝试利用全国数据对于农户福利问题进行更深一步探讨。

（2）本书在进行农户福利分析时，应用了阿马蒂亚·森的可行能力理论，并结合其他学者的研究成果，对于影响农户福利的功能性活动进行了确定。从指标的选取来看，由于森在描述可行能力理论时，主要基于对于个人可行能力的阐述，并未对于家庭的功能性活动给出明确表述，另外，森的个人可行能力理论也未对于反映可行能力的具体指标进行描述，因此，本书在进行福利研究时，所确定的功能性活动以及选取的相关指标是否适当，还可以进行进一步深入分析及论证。

（3）本书在进行农户福利测定时，利用了模糊数学中的模糊评价方法，根据隶属度函数的计算结果对于各类不同人力资本水平下的农户福利状况进行了分析。在进行隶属度函数计算时，所选取的权重公式是否科学等内容，都会对于测算结果产生影响，因此，在今后的研究过程中，可以尝试选取其他方法进行进一步验证。

参考文献

A. C. 庇古 . 2006. 福利经济学（上卷）. 北京：商务印书馆 .

阿马蒂亚·森 . 2002. 以自由看待发展 . 北京：中国人民大学出版社 .

阿马蒂亚·森 . 2006. 论经济不平等/不平等之再考察 . 北京：社会科学文献出版社 .

白菊红，袁飞 . 2003. 农民收入水平与农村人力资本关系分析 . 农业技术经济，（1）：16-18.

蔡玲，钟涨宝 . 2008. 农村居民闲暇生活状况调查分析 . 华南农业大学学报（社会科学版），（2）：141-146.

蔡玲 . 2009. 抚养子女对农民工自身成长的积极效应——基于武汉市的实证调查 . 中国农村观察，（5）：56-63，70，96-97.

蔡宁，张洁 . 2012. 农户人力资本与金融行为关系的研究——基于宁波市鄞州区横溪镇河头村 200 户农户的调查 . 商场现代化，（6）：57-58.

曹瓅，等 . 2014. 农户产权抵押借贷行为对家庭福利的影响——来自陕西、宁夏 1479 户农户的微观数据 . 中南财经政法大学学报，（5）：150-156.

常建新，姚慧琴 . 2015. 陕西省农户金融抑制与福利损失——基于 2007—2012 年 6000 户农户调研数据的实证分析 . 西北大学学报（哲学社会科学版），（3）：65-71.

常丽博，等 . 2015. 国有林区林场撤并前后职工家庭的福利变化研究 . 中国林业经济，（1）：71-75，78.

陈柏峰 . 2007. 农民价值观的变迁对家庭关系的影响——皖北李圩村调查 . 中国农业大学学报（社会科学版），（1）：106-113.

陈浩，毕永魁 . 2013. 人力资本对农户兼业行为及其离农决策的影响研究——基于家庭整体视角 . 中国人口·资源与环境，（8）：90-99.

陈江生等 . 2012. 农村劳动力流动模式对家庭生活福利的影响——基于陕

西、河南两省城乡随机调查数据的实证分析．北京理工大学学报（社会科学版），（4）：37-42.

陈莹，张安录．2006．征地过程中农户心态与农户福利变化分析——基于武汉市城乡结合部农户与村级问卷调查//湖北省科学技术协会、华中农业大学、湖北省农业厅、武汉东湖高新区管委会．"三农"问题与新农村建设——湖北省首届涉农领域青年博士论坛论文集．湖北省科学技术协会、华中农业大学、湖北省农业厅、武汉东湖高新区管委会：6.

陈震林，刘纯阳．2005．贫困地区农户人力资本投资：作用、现状与对策．湖南农业大学学报（社会科学版），（2）：13-16.

程名望，等．2014．农村减贫：应该更关注教育还是健康？——基于收入增长和差距缩小双重视角的实证．经济研究，（11）：130-144.

程名望，等．2014．农户收入水平、结构及其影响因素——基于全国农村固定观察点微观数据的实证分析［J］．数量经济技术经济研究，（5）：3-19.

褚保金，等．2009．信贷配给下农户借贷的福利效果分析．中国农村经济，（6）：51-61.

崔艳娟，孙刚．2015．农户借贷的影响因素及其福利效应分析．金融理论与实践，（6）：42-46.

丁冬，等．2013．社会资本、农户福利与贫困——基于河南省农户调查数据．中国人口·资源与环境，（7）：122-128.

杜江，刘渝．2010．农业经济增长因素分析：物质资本，人力资本，还是对外贸易？．南开经济研究，（3）：73-89.

段小力，杜海霞．2008．中部地区农户人力资本投资的影响因素．中国农学通报，（3）：473-476.

费孝通．1999．生育制度//费孝通文集．北京：群言出版社．

伽红凯，王树进．2014．集中居住前后农户的福利变化及其影响因素分析——基于对江苏省农户的调查．中国农村观察，（1）：26-39，80.

高进云，等．2007．农地城市流转前后农户福利变化的模糊评价——基于森的可行能力理论．管理世界，（6）：45-55.

高进云，乔荣锋．2011．农地城市流转前后农户福利变化差异分析．中国人口·资源与环境，（1）：99-105.

高进云，等.2010.森的可行能力理论框架下土地征收对农民福利的影响
　　测度.中国软科学，(12)：59-69.

高梦滔，姚洋.2006.农户收入差距的微观基础：物质资本还是人力资本？.
　　经济研究，(12)：71-80.

高巧.2004.解读新家庭经济学.商业时代，(11)：6-7.

关江华，等.2014.不同生计资产配置的农户宅基地流转家庭福利变化研
　　究.中国人口·资源与环境，(10)：135-142.

管珊，万江红.2015.农户人力资本、社会资本与农业技术服务需求——
　　基于湖北省 Y 县 358 个农户的问卷数据.江汉学术，(4)：54-59.

郭玲霞.2012.农地城市流转对失地农户福利影响及征地补偿研究.武汉：
　　华中农业大学.

郭志仪，常晔.2007.农户人力资本投资与农民收入增长.经济科学，
　　(3)：26-35.

胡阿丽，王征兵.2012.人力资本投资对农户非农就业的影响分析与验证.
　　西北农林科技大学学报（社会科学版），(5)：66-72.

胡初枝，等.2008.农户农地流转的福利经济效果分析——基于农户调查
　　的分析.经济问题探索，(1)：184-186.

胡春晓.2014.农村老人赡养问题的调查研究——以平凉市民张村为例.
　　甘肃农业，(24)：41-42，44.

胡基红.2013.林权抵押贷款及其对农户福利影响实证研究.无锡：江南
　　大学.

胡峥.2009.经济适用住房对城市中低收入家庭福利状况影响研究.武汉：
　　华中农业大学.

华中农业大学课题组，等.2012.小额信贷对农户福利影响的实证分析.金
　　融发展研究，(3)：20-23.

黄乾.2005.中国农户人力资本投资及区域差距变化的实证分析.中国人口
　　科学，(6)：58-64，96.

加里·斯坦利·贝克尔.2005.家庭论.北京：商务印书馆.

贾燕，等.2009.农民集中居住前后福利状况变化研究——基于森的"可
　　行能力"视角.农业经济问题，(2)：30-36.

江克忠，等.2014.亲子共同居住可以改善老年家庭的福利水平吗？——

　　基于 CHARLS 数据的证据．劳动经济研究，(2)：134-152.

姜涛．2006.社会资本累积状态及其对家庭福利的影响．济南：山东大学．

蒋乃华，黄春燕．2006.人力资本、社会资本与农户工资性收入——来自
　　扬州的实证．农业经济问题，(11)：46-50，80.

黎洁，等．2014.小流域治理后农户福利变化与差异的研究——以陕西省
　　安康市为例．西安交通大学学报（社会科学版），(2)：68-73.

黎洁，妥宏武．2012.基于可行能力的陕西周至退耕地区农户的福利状况
　　分析．管理评论，(5)：66-72，101.

李健．2011.农村留守老人的赡养问题及对策探析——以湖北省襄阳市宜
　　城市为例．长春理工大学学报（社会科学版），(5)：24-26.

李静，周沛．2011."人口与家庭福利"研究．社会科学研究，(6)：
　　76-82.

李庆海，等．2012.农户信贷配给及其福利损失——基于面板数据的分析．
　　数量经济技术经济研究，(8)：35-48，78.

李庆海，等．2012.农户土地租赁行为及其福利效果．经济学（季刊），
　　(1)：269-288.

李锐，朱喜．2007.农户金融抑制及其福利损失的计量分析．经济研究，
　　(2)：146-155.

李淑华，柴娟娟．2013.农村家庭人力资本投资现状及其对策分析．兰州
　　学刊，(11)：193-196.

李宪印，陈万明．2009.农户人力资本投资与非农收入关系的实证研究．
　　农业经济问题，(5)：94-99.

李宪印，陈万明．2008.我国农户人力资本投资的比较研究——基于东、
　　中、西部农村面板数据的实证研究．农业经济问题，(5)：74-77，112.

李幸．2014.农业保险对农户福利影响分析——基于信息不对称的视角．西
　　部金融，(8)：81-84.

李雅宁，何广文．2011.我国小额信贷客户家庭福利水平的模糊评价．河
　　南社会科学，(5)：74-80.

李怡萌．2014.人力资本与社会资本对农户非农经营选择的影响．安徽农业
　　科学，(19)：6425-6427，6430.

李银河．2011.家庭结构与家庭关系的变迁——基于兰州的调查分析．甘

肃社会科学，（1）：6-12.

林少真．2007. 社会转型时期农村家庭关系变迁实证分析．长春理工大学学报（社会科学版），（3）：16-19.

刘纯阳．2005. 贫困地区农户的人力资本投资：对湖南西部的研究．北京：中国农业大学.

刘恩伶．2009. 农村家庭人力资本投资研究综述．科技创新导报，（26）：245-246.

刘芳．2014. 农村留守老人精神赡养困境与对策．湖南科技学院学报，（1）：69-71.

刘菡．2010. 新农村建设中农民闲暇生活方式分析．郑州：郑州大学.

刘青林．2013. 迁村并居过程中农户福利变化测度指标选取．财经界（学术版），（8）：18.

刘中一．2011. 我国现阶段家庭福利政策的选择——基于提高家庭发展能力的思考．党政干部学刊，（8）：55-59.

栾文敬，等．2013. 家庭关系对流动儿童心理健康的影响．学前教育研究，（2）：27-36.

罗红光．2013.“家庭福利”文化与中国福利制度建设．社会学研究，（3）：145-161，244.

罗然然．2011. 农村信用社股份化改革对社员农户福利的影响．西南金融，（5）：66-68.

马纯红．2007. 行走在城市边缘——对长沙市农民工闲暇生活的调查与思考．湘潭大学学报（哲学社会科学版），（4）：23-28.

马红光．2012. 农村家庭赡养老人的福利分析．河北师范大学学报（哲学社会科学版），（4）：50-55.

马贤磊，孙晓中．2012. 不同经济发展水平下农民集中居住后的福利变化研究——基于江苏省高淳县和盱眙县的比较分析．南京农业大学学报（社会科学版），（2）：8-15.

苗珊珊．2014. 中国粮食价格波动的农户福利效应研究．资源科学，（2）：370-378.

闵杨，张家偶．2015. 小额信贷对贫困农户家庭福利的影响分析．商业经济研究，（11）：101-102.

穆晓，姚慧琴．2011．中国农户人力资本形成问题研究．吉林农业，（9）：
　　26-27．

倪国华，郑风田．2012．通货膨胀与"中等收入陷阱"：家庭福利损失的视
　　角．经济理论与经济管理，（03）：36-47．

倪念．2013．宅基地置换中的农户福利变化研究．武汉：华中农业大学．

聂文婷．2008．人力资本对农村劳动力非农就业及其工资的影响．扬州：
　　扬州大学．

潘剑锋，等．2009．关于农村老人赡养问题的调查报告．湖南科技学院学
　　报，（11）：124-128．

彭大松．2012．农村劳动力流动对家庭福利的影响．南京人口管理干部学
　　院学报，（2）：31-37＋42．

钱文荣，张黎莉．2009．农民工的工作—家庭关系及其对工作满意度的影
　　响——基于家庭式迁移至杭州、宁波、温州三地农民工的实证研究．中
　　国农村经济（5）：70-78．

乔旭华．2007．农户家庭人力资本存量与家庭收入关系分析——以山西农
　　户为例．山西高等学校社会科学学报，（1）：75-77．

任国强，薛守刚．2008．农户人力资本对农户就业选择与收入增长的影响
　　研究．统计与决策，（21）：86-89．

任艳胜，等．2006．农地价值与农户福利补偿研究——以武汉市为例．生
　　态经济，（10）：29-31＋49．

申秀清，张磊．2014．河南省农村家庭人力资本投资问题研究．继续教育
　　研究，（7）：18-22．

石磊，等．2011．物质资本、人力资本、就业结构与西部民族地区农户收
　　入增长．数理统计与管理，（6）：1030-1038．

史耀波，温军．2009．农村公共物品对农户福利影响理论研究综述．经济纵
　　横，（6）：122-124．

司马媛．2011．变迁中的城市家庭福利问题研究．理论观察，（6）：60-61．

宋月萍．2014．精神赡养还是经济支持：外出务工子女养老行为对农村留
　　守老人健康影响探析．人口与发展，（4）：37-44．

孙敬水，于思源．2014．物质资本、人力资本、政治资本与农村居民收入
　　不平等——基于全国 31 个省份 2852 份农户问卷调查的数据分析．中南

财经政法大学学报，（5）：141-149，160.

汤剑波．2004.重建经济学的伦理之维．上海：复旦大学．

佟新，杭苏红．2011.学龄前儿童抚育模式的转型与工作着的母亲．中华女子学院学报，（1）：74-79.

万江红，高冬梅．2009.客家地区农村女性闲暇生活及其影响因素——以广西博白县为例．湖南农业大学学报（社会科学版），（6）：47-52.

王成丽．2009.不同补贴方式下农业保险的福利研究．武汉：华中农业大学．

王珊，等．2014.农地城市流转的农户福利效应测度．中国人口．资源与环境，（3）：108-115.

王珊．2013.公益性和非公益性农地城市流转的农户福利效应研究．武汉：华中农业大学．

王先柱．2007.农户人力资本投资行为特征分析——以安徽农村为例．安徽商贸职业技术学院学报（社会科学版），（3）：29-32.

王跃生．2010.农村家庭代际关系理论和经验分析——以北方农村为基础．社会科学研究，（4）：116-123.

文雯，周宝同．2012.基于农村人力资本的农户收入差异分析——以重庆市永川区青峰镇为例．西南农业大学学报（社会科学版），（9）：31-36.

吴丽丽，等．2008.中国社会服务政策与家庭福利问题．国际学术动态，（5）：13-16.

肖倩，杨泽娟．2010.农村家庭代际关系与老人赡养问题——对赣中南农村的实证研究．求实，（10）：93-96.

谢桂华．2009.老人的居住模式与子女的赡养行为．社会，（5）：149-167，227.

徐烽烽，等．2010.苏南农户土地承包经营权置换城镇社会保障前后福利变化的模糊评价——基于森的可行能力视角．中国农村经济，（8）：67-79.

徐永金．2015.粮食价格波动对主产区农户福利影响的实证分析．市场论坛，（3）：10-12.

许晓芸．2010.农民闲暇生活的特征及其优化路径——以西北黄土高原 W 村为个案．湖南农业大学学报（社会科学版），（3）：36-41.

杨迪航．2009.农户融资困境及其福利经济模型．统计与决策，（11）：

51-53.

杨晓军.2013.中国农户人力资本投资与城乡收入差距:基于省级面板数据的经验分析.农业技术经济,(4):13-25.

叶初升,罗连发.2011.社会资本、扶贫政策与贫困家庭福利——基于贵州贫困地区农村家户调查的分层线性回归分析.财经科学,　(7):100-109.

叶静怡,刘逸.2011.欠发达地区农户借贷行为及福利效果分析——来自云南省彝良县的调查数据.中央财经大学学报,(2):51-56.

伊恩·罗宾逊.1994.社会学.北京:商务印书馆.

易小兰,钟甫宁.2011.农户贷款利率改革的福利分析——以江苏、河南与甘肃农村信用社为例.农业经济问题,(4):42-48,111.

易小燕,等.2012.基于模糊方法的农村居民点土地整理对农户福利的影响评估//中国农业资源与区划学会.2012年中国农业资源与区划学会学术年会论文集.

易艳华.2014.山区农民闲暇生活方式的实证研究.长沙:湖南师范大学.

尹飞霄.2013.人力资本与农村贫困研究:理论与实证.南昌:江西财经大学.

游和远,等.2013.农地流转、非农就业与农地转出户福利——来自黔浙鲁农户的证据.农业经济问题,(3):16-25+110.

余亮亮,蔡银莺.2014.中、东部地区基本农田规划管制农户福利损失及区域差异分析.中国土地科学,(1):33-39.

苑鹏.2013."公司+合作社+农户"下的四种农业产业化经营模式探析——从农户福利改善的视角.中国农村经济,(4):71-78.

苑韶峰,等.2012.慈溪市四镇农地转用过程中农户福利变化的定量测度.中国土地科学,(10):82-90.

翟振武,陈卫.2008.中国的社会变化与家庭福利——体制转型、家庭变化对家庭福利的影响//联合国亚太经社会、国家人口计生委、中国人民大学人口与发展研究中心.中国社会服务政策与家庭福利国际研讨会论文集.

张本飞.2012.农户人力资本分布与农业新技术的采用.湖北农业科学,(16):3636-3640.

张改清.2006.农户家庭人力资本存量与家庭收入关系实证分析——以山西农户为例.生产力研究，(9)：51-52＋77.

张科静，等.2014.失地农村女性非农就业及其对家庭福利影响的研究综述.农村经济与科技，(7)：136-138.

张立敏.2012.跨越城乡的家庭与生育福利.北京：中国社会科学院.

张苗，等.2014.不同类型村庄农户福利需求、宅基地腾退意愿及整理模式对比分析——基于山东省30个行政村实证分析.山东农业科学，(9)：146-151.

张衔，等.2005.东中西部地区农户人力资本投资行为比较分析.中国农村经济，(4)：17-26.

张勇.2010.我国农户信贷配给及其福利水平.广州：暨南大学.

张原.2011.中国农村留守妇女的劳动供给模式及其家庭福利效应.农业经济问题，(5)：39-47，110-111.

赵海，彭代彦.2009.农户人力资本投资与工资性收入增长的实证分析.农业技术经济，(4)：53-61.

赵京，等.2014.湖北省农地整理对农户福利的影响研究.资源科学，(3)：446-453.

赵淑芹，唐守普.2011.基于森的理论的土地流转前后福利变化的模糊评价.统计与决策，(11)：51-54.

周义，等.2014.城乡交错区被征地农户的福利变迁研究.中国人口·资源与环境，(6)：30-36.

周振，等.2011.农村金融的诱致性制度变迁改善农户福利了吗？——以农村资金互助社为例的实证研究.农村经济，(7)：60-64.

朱静辉.2010.家庭结构、代际关系与老年人赡养——以安徽薛村为个案的考察.西北人口，(3)：51-57.

朱珊，黄朝禧.2014.不同经济发展水平下农地城市流转后农户福利变化研究.广东农业科学，(6)：215-220.

朱喜.2006.农户借贷的福利影响.统计与决策，(20)：41-43.

Akhter Ali, Olaf. 2013. Erenstein Impact of zero tillage adoption on household welfare in Pakistan. Journal of Agricultural Technology，9（7）：1715-1729.

Anand P, Krishnakumar J, Tran NB. 2011. Measuring welfare: Latent variable models for happiness and capabilities in the presence of unobservable heterogeneity. Journal of Public Economics, (95): 205-215.

Anand P, Hunter G, Smith R. 2005. Capabilities and Well-Being: Evidence Based on the Sen-Nussbaum Approach to Welfare, 74 (1): 9-55.

Anna Wetterberg. 2007. Crisis, Connections, and Class: How Social Ties Affect Household Welfare. World Development, 35 (4): 585 – 606

Baliamoune, M. 2004. On the Measurement of Human Well-Being: Fuzzy Set theory And Sen's Capability Approach. Helsinki: UN World Institute for Development Economics Research.

Balogun, Olubunmi. Lawrence and Suliamon, Adesina Yusuf. 2011. Effect of Social Capital on welfare of Rural Households in South-western States. Nigeria . Journal of American Science, 7 (3): 506-514

Cohen G. A. 1993. Equality of What? On Welfare, Goods, and Capabilities. In Maths Nussbaum and Amartya Sen, eds. The Quality of Life . Oxford: Clarendon Press : 9-29.

Cuong, Nguyen Viet. 2010. Does Agriculture Help Poverty and Inequality Reduction? EvidencefromVietnam. Agricultural EconomicsReview, 111.

de Brauw, Alan and Giles, John, 2008b. Migrant labor markets and the welfare of rural households in the developing world: evidence from China . Policy Research Working Paper Series 4585, The World Bank.

de Brauw, A. and J. Giles. 2008a. Migrant Opportunity and the Educational Attainment of Youth in Rural China. Policy Research Working Paper Series 4526, The World Bank.

Elias Kuntashula, Eric Mungatana. 2013. Estimating the causal effect to fim proved fallows on farmer welfare eusing robust identification strategies in Chongwe, Zambia. Agroforestry Systems: 876.

Emmanuel Skoufias, Katja Vinha. 2013. The impacts of climate variability on household welfare in rural Mexico. Popul Environ, (34): 370 – 399.

Emmanuel Skoufias, Katja Vinha. 2013. The impacts of climate variability on household welfare in rural Mexico. Population and Environment: 343.

Gary S. Becker, Barry R. Chiswick. 1966. Euducation and the Distribution of Earning. American Economic Review, (56): 358-369.

Gladman Thondhlana, Edwin Muchapondwa. 2014. Dependence on environmental resources and implications for household welfare: Evidence from the Kalahari drylands, South Africa Ecological Economics, (108): 59 - 67.

Grootaert, C. 1999. Social Capital Household Welfare and Poverty in Indonesia. The World Bank Local Level Institutions Working Paper No. 2148.

Grootaert, and Narayan, 2004. Local Institutions, Poverty and Household Welfare in Bolivia. World Development, 32 (7) .

Grootaert C, Oh G • T, and Swamy A. 2002. Social Capital, Household Welfare and Poverty in Burkina Faso. Journal of African Economics, 11 (1) .

Huffman Wallace E. 2001. Human Capital: Education and Agriculture, in Bruce LGardner and Gordon C. Rausser edited, Handbook of Agricultural Economics, (l) 1A: 334- 376.

Huffman, W. E. 1980. Farm and off-farm Work Decision: The Role of Human Capital. The Review of Economics and Statistics, 62: 14-23.

Inmaculada García, José Alberto Molina. 1999. Labor supply, childcare, and welfare in Spanish households. International Advances in Economic Research, 54: .

Jane Falkingham. 1999. Measuring Household Welfare: Problems and Pitfalls with Household Surveys in Central Asia. MOCT-MOST: Economic Policy in Transitional Economies, 94:

Josh De Gregoriol, long-Wha Lee. 2002. Education and Income Inequality: New Evidence from Cross-country Data. Review of Income and Wealth, 48 (3) : 395-416.

Kurosaki T. and Khan H. 2001. Human Capital and Elimination of Rural Poverty: A Case Study of the North-West Frontier Province, Pakistan. IER Discussion Paper, Series B No. 25, Hitotsubashi University.

Lelli S. 2001. Factor Analysis vs. Fuzzy Sets Theory: Assessing the Influence of Different Techniques on Sen's Functioning Approach, Discussion Paper Series (DPS) 01. 21, Center for Economic Studies, Katholieke Universiteit Leuven.

Li Chenguang, Sexton, Richard J. Grocery-Retailer. 2013. Pricing Behavior with Implications for Farmer Welfare. Journal of Agricultural and Resource Economics, 382.

Livio Stracca. 2014. Financial imbalances and household welfare: Empirical evidence fromthe EU. Journal of Financial Stability, (11): 82 - 91.

Maluccio J, L Haddad and J. May, 2000. Social Capital and Household Welfare in South Africa, 1993-1998. The Journal of Development Studies, 36 (6).

Martinetti E C A. 2000. Multidimensional Assessment of Well-being Based on Sen's Functioning Approach. Revista Internazionale di Scienze Social, (108): 207 - 239.

Mary K Mathenge, Melinda Smale , John Olwande. 2014. The impacts of hybrid maize seed on the welfare of farming households in Kenya. Food Policy, (44): 262 - 271.

Mincer J. 1958. Investment in Human Capital and Personal Income Distribution. Journal of Political Economics, (66): 281-302.

Minh Son Le. 2014. Trade openness and household welfare within a country: A microeconomic analysis of Vietnamese households, Journal of Asian Economics , (33): 56 - 70.

Mr. Cuong Nguyen Viet a & Thieu Vu. 2012. The impact of piped water on household welfare: evidence from Vietnam. Journal of Environmental Planning and Management, 12.

Olson D H. 2000. Circumplex Model of Marital and Family Systems. Journal of Family Therapy.

Peter D Brandon. 2005. Welfare Receipt Among Children Living with Grandparents. Population Research and Policy Review, (24): 411 - 429.

Robert B Richardson, Ana Fernandez, David Tschirley, Gelson Tembo. 2012. Wildlife Conservation in Zambia: Impacts on Rural Household Welfare，World Development ，40（5）：1068-1081.

Rong Tan ，Futian Qu ，Nico Heerink ，Evy Mettepenningen. 2011. Rural to urban land conversion in China-How large is the over-conversion and what are its welfare implications? . China Economic Review，（22）：474-484.

Rui Li ，Qinghai Li，Shaoan Huang ，Xi Zhu. 2013. The credit rationing of Chinese rural households and its welfare loss：An investigation based on panel data. China Economic Review，（26）：17 - 27.

Schultz，Theodore W. 1961. Investment in Human Capital. American Economic Review，（51）：1-17.

Shek DTL. 2002. Family functioning and psychological well-Being，school adjustment，and problem behavior in Chinese adolescents with and without economic disadvantage. Journal of Genetic Psychology，（163）：497-500.

Skinner H，Steinhauer P. 2000. Family Assessment Measure and Process Model of Family Functioning. Journal of Family Therapy，（2）．

Solomon Asfaw，Bekele Shiferaw，Franklin Simtowe，Leslie Lipper. 2012. Impact of modern agricultural technologies on smallholder welfare：Evidence from Tanzania and Ethiopia. Food Policy，（37）283 - 295.

Xia Li，Christopher Gan，Baiding Hu. 2011. The welfare impact of microcredit on rural households in China. The Journal of Socio-Economics，（40）：404-411.

Zhang Linxiu，Huang Jikun and Scott Rozelle. 2002. Employment，Emerging Labor Markets，and the Role of Education in Rural China. China Economic Review，13（2-3）：313- 328.

Fan Zhang. 2015. Energy Price Reform and Household Welfare：The Case of Turkey. The Energy Journal，36（2）．

后 记

在本书完成之际，需要对很多在我研究期间给予指导、关怀的诸位老师、同事和同学表示感谢！首先，感谢我的导师刘钟钦教授。感谢刘老师在学习期间对我的教导，在研究选题、撰写期间给予的建议与帮助，导师诚恳的待人方式、平和的处事风格、对待科研的认真态度都为我今后的学习、生活树立了榜样。

另外，感谢我所在科研团队的各位领导、同事：吕杰教授、李旻副教授、周艳波副教授、韩晓燕副教授、沈屏老师、李行老师。在写作过程中，从结构的搭建、研究内容的确定、研究方法的选择等都是与各位老师一次次讨论的结果，感谢吕杰教授给予的关键指点，感谢李旻老师一直以来的督促与无私帮助，感谢周艳波、韩晓燕等老师与我进行的一次次的讨论以及给予的每一点建议。

在这里，我还要向沈阳农业大学经济管理学院培养、指导和关怀我的各位领导、老师表示深深的谢意，感谢张广胜教授对于本书修改提出的宝贵建议，感谢周静教授、翟印礼教授、陈珂教授、王春平教授、戴蓬军教授、黄晓波教授、兰庆高教授、李忠旭教授对我学习的指导和帮助，感谢陈素琼老师给予的数据方面的建议，感谢杨肖丽、张锦梅、杨欣、周密、谭晓婷、戚迪明、江金启、彭艳斌、李晓波、李大兵、栾香录、吴东立、高凌云、董凤丽、耿黎、刘晓光、艾雪、李旭等各位老师提出的建议以及一直以来的关心与帮助！

最后感谢我的家人，有了你们的鼓励、宽容与帮助，才使我顺利完成本书的撰写工作。

施　雯

2016 年 7 月

图书在版编目（CIP）数据

基于人力资本差异视角的农户福利测度与分析：以辽宁省为例／施雯著．—北京：中国农业出版社，2016.10

ISBN 978-7-109-22179-6

Ⅰ.①基… Ⅱ.①施… Ⅲ.①农户—福利待遇—研究—辽宁 Ⅳ.①F323.89

中国版本图书馆 CIP 数据核字（2016）第 234321 号

中国农业出版社出版
（北京市朝阳区麦子店街 18 号楼）
（邮政编码 100125）
责任编辑 刘明昌

中国农业出版社印刷厂印刷 新华书店北京发行所发行
2016 年 10 月第 1 版 2016 年 10 月北京第 1 次印刷

开本：880mm×1230mm 1/32 印张：6.25
字数：168 千字
定价：32.00 元
（凡本版图书出现印刷、装订错误，请向出版社发行部调换）